DANS LA MÊME COLLECTION

Le Jardin philosophe, textes choisis par Erik Pigani.

Pour Mirène
et Jean-Louis

L'ARBRE PHILOSOPHE

Bonne promenade
en compagnie
de nos amis
les arbres.

Amicalement

Luciano Melis

Bormes
27-1-18

DU MÊME AUTEUR

Vague à lames, Poèmes de la mer. Anthologie, ill. Misha, Melis éditions, 2006 ; 2016.

André Verdet. Cosmogonies, collectif, Melis éditions, 2015.

Cocteau, Matisse, Picasso. Méditerranéens, collectif, Melis éditions, 2013.

Lucien Clergue. Écritures de lumière, collectif, Melis éditions, 2013.

André Verdet. Au-delà du seul à seul, coécrit avec Françoise Armengaud, Melis éditions, 2013.

Garibaldi mon héros, Melis éditions, 2007, 2009.

Jean Orizet. *Le Voyageur de l'entretemps*, textes réunis par Luciano Melis, Melis éditions, 2005.

Le Dit du loup, André Verdet, Luciano Melis, texte bil. italien/français, traduit de l'italien par Luciano Melis, ill. Nadine Vivier, Melis éditions, 2005.

L'ARBRE PHILOSOPHE

textes choisis par
Luciano Melis

Préface de
Pierre Rabhi

PRESSES DU CHÂTELET

Notre catalogue est consultable à l'adresse suivante :
www.pressesduchatelet.com

Presses du Châtelet
34, rue des Bourdonnais
75001 Paris.

ISBN 978-2-84592-715-5

Préface

Il y a belle lurette que je sais que l'arbre n'est pas que racines, tronc, branches et feuilles. Tous ces agencements sont pour qu'advienne la beauté éthérique de la fleur et enfin l'apothéose avec le fruit. Ce dernier est à la fois aboutissement, rebondissement et promesse, avec la graine, d'un renouveau incessant, entretenu par ce grand mystère que nous appelons la vie.

Pour accéder à cette perception tout en reconnaissant son mérite, il faut s'affranchir du savoir du botaniste. Il faut avoir un regard silencieux, car il dit plus que toute parole. Si vous avez la chance de contempler ses ramures hivernales sur fond de soleil levant ou couchant, vous aurez le privilège d'admirer une magnifique dentelle. La nuit, en s'affirmant, imprimera dans votre mémoire un instant d'éternité.

Certains primitifs, vous savez ces attardés de l'évolution qui n'ont ni voitures, ni avions, ni électricité, ni frigos, ni télévisions et encore moins de smartphones et autres prodiges, savent que l'arbre est la résidence d'un esprit. Ils tenaient ce héleur de nuées pour un être bénéfique, reliant la terre et le ciel et pas seulement parce qu'il nous réchauffe de son bois, nous permet de construire nos abris, de cuire nos aliments, de vaquer sur les océans avec nos navires, et tant d'autres privilèges banalisés par l'usage et le temps. « Auprès de mon arbre, je vivais heureux », chantait un troubadour des temps modernes.

En faisant advenir l'être humain pour en être admirée, la planète Terre ne pouvait pas savoir qu'elle commettait une terrible erreur. Cette créature tardivement advenue, verticale, érigée sur deux pattes avec une tête sphérique semblable à une planète, allait la dépouiller de sa somptueuse fourrure forestière et lui infliger des calvities devenues ses déserts ; si chers aux mystiques pour leurs retraites solitaires et aux poètes pour leurs envolées lyriques mais si désastreux à la vie.

Hélas, aujourd'hui, cette malfaisance ne fait que croître sans embellir. Ses outils monstrueux en main, l'être humain va, dans sa démence, rasant la sphère terrestre par dévotion au dieu Mammon. Il faut bien que la croissance économique se fasse pour entretenir un monde sans joie. Car l'*Homo economicus* n'a pas de sentiment, il n'a que la raison sonnante et trébuchante. Il vaque triste et dépité, tétanisé par ses terreurs. En exterminant les arbres, il continue à scier la branche sur laquelle il est assis. En détruisant le refuge des oiseaux, il n'aura plus que le silence des tombeaux.

Dans mes songes tranquilles, s'impose à ma mémoire un arbre sur une colline. Nous sommes dans mon oasis natale au sein d'un immense désert. Partout, il n'est que sable et rocaille, le vide à l'infini. Cet arbre était un rescapé d'une extermination millénaire ayant échappé à la dent animale, au fer dont la main humaine est dotée pour construire et détruire. Il semblait être en prière, celle que les mystiques prononcent dans la vacuité, dans leur quête d'absolu. L'arbre semblait jour et nuit implorer le divin d'ouvrir notre conscience à la majesté de la vie. Ni les tempêtes de sable, ni les dards plus que nulle part acérés du soleil n'ont eu raison de son courage. Je ressens encore le bien-être qu'il prodiguait avec son ombre lorsque nous voulions, mes petits camarades et moi, tels des moineaux espiègles et innocents, échapper au brasier aveuglant d'un soleil impérial, parfois tyrannique. Il était souvent une étape hospitalière aux oiseaux migrateurs harassés de leur long voyage dans un ciel en feu. Je me demande par quel miracle cet arbre bourdonnant donnait encore plus d'épaisseur au silence. En abolissant et en bravant le temps, il rendait insignifiantes et éphémères nos agitations apeurées et stériles. En affirmant avec une évidence irrévocable que ce n'est pas le temps qui passe mais nous qui passons, il nous invitait à faire de chaque instant un moment jubilatoire.

Avec ce florilège dédié à l'arbre, Luciano Melis a confectionné un bouquet de songes ; qu'il en soit ici remercié. Ce bouquet invite à la méditation par la seule admiration silencieuse.

Il faut espérer que ce florilège rétablira dans les esprits et les cœurs ce sentiment antique que le monde des tronçonneuses ignore. Aimer et prendre soin des arbres, avoir gratitude pour leur immense bienfait est un impératif que la brutalité humaine rend chaque jour plus essentiel dans un monde qui ne sait pas où il va tout en y allant aveuglément. Le temps de vivre au lieu d'exister est venu.

Pierre Rabhi

1

Proverbes et citations d'ici et d'ailleurs

Si tes projets portent à un an, plante une graine ; à vingt ans, plante un arbre ; à plus d'un siècle, éduque les hommes.

Proverbe chinois

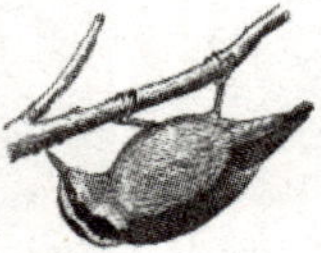

La patience est un arbre
dont la racine est amère,
et dont les fruits sont très doux.

Proverbe persan

Les arbres sont les piliers du monde.
Quand les derniers arbres seront coupés,
le ciel va tomber sur nous.

Proverbe sioux

Les arbres se souviennent
des conversations échangées
sous leur feuillage.

Proverbe soudanais

S'il n'est pas soutenu par un tuteur, le jeune arbre se courbe facilement.

Proverbe chinois

En Casamance (Sénégal), l'arbre fromager occupe le rang d'arbre tutélaire. Un proverbe baïla dit que bientôt on ne se souviendra plus du temps où il parlait aux hommes.

[Il y a] un certain respect qui nous attache, et un général devoir d'humanité, non aux bêtes seulement qui ont vie et sentiment, mais aux arbres et aux plantes.

Michel de Montaigne

C'est que l'amour est comme un arbre,
il pousse de lui-même, jette profondément
ses racines dans tout notre être, et continue
souvent de verdoyer sur un cœur en ruine.

Victor Hugo, *Notre-Dame de Paris*,.

Méphisto :
Mon bon ami, toute théorie est grise, mais vert et florissant est l'arbre de la vie.

Johann Wolfgang von Goethe, *Faust et le second Faust*, 1877.

L'automne raconte à la terre les feuilles qu'elle a prêtées à l'été.

Georg Christoph Lichtenberg, *Aphorismes*, J. J. Pauvert, 1966.

Cette jolie idée de Saint-Pol-Roux
que les arbres échangent des oiseaux
comme des paroles.

Jules Renard, *Journal*, 7 mai 1894.

Il n'y a pas l'homme d'un côté,
la nature de l'autre. L'homme est nature.

Pierre Rabhi, *La Puissance de la modération,*
Hozhoni éditions, 2015.

J'avais besoin d'un poumon, m'a dit l'arbre : alors ma sève est devenue feuille, afin d'y pouvoir respirer. Puis quand j'eus respiré, ma feuille est tombée, et je n'en suis pas mort. Mon fruit contient toute ma pensée sur la vie.

André Gide, *Les Nouvelles Nourritures*, Gallimard, 1935.

L'olivier est un arbre familier en Provence,
à tel point qu'on l'appelle par son prénom.

Jean-Marc Lenglen, *Pourquoi l'homme ?
et quelle femme pour aller avec*, Les Belles Lettres, 1992.

La fin est dans les moyens
comme l'arbre est dans la semence.

Gandhi

L'imagination a le droit de se griser
à l'ombre de l'arbre dont elle fait une forêt.

Karl Kraus

L'arbre est le lien entre les mondes souterrain
et céleste. Arbres, éternels efforts de la terre
pour parler au ciel qui l'écoute.

Rabindranath Tagore

Je veux que mon tableau, mon dessin soit comme un arbre, une forêt…

On passe d'une ligne, d'un trait fin à un point, une tache, comme on passe d'une brindille à un tronc. Mais il faut que tout tienne, que tout soit en place.

Nicolas de Staël

Les arbres aux racines profondes
sont ceux qui montent haut.

Frédéric Mistral, *Les Iles d'or,* 1875.

Plus vous voulez vous élever, plus il faut avoir
les pieds sur terre. Chaque arbre vous le dit.

Michel Tournier, *Le Miroir des idées*, Mercure de France, 1994.

Les arbres silencieux
Dévoilent leurs secrets
À ceux qui savent les écouter.

Luciano Melis, 2016.

Il n’y a ni petits faits dans l’humanité,
ni petites feuilles dans les arbres.

Victor Hugo

Parfois, un arbre humanise mieux
un paysage que ne le ferait un homme.

Gilbert Cesbron, *Journal sans date*, Robert Laffont, 1963.

Tu sais bien que ce n’est jamais moi qui te
quitterai. Ce n’est point l’arbre qui quitte
la fleur, c’est la fleur qui quitte l’arbre.

Alexandre Dumas, *Le Comte de Monte-Cristo*, 1844.

L'arbre. Son ombre lui fait une queue de paon qui ouvre et ferme ses yeux de soleil, selon que le vent agite leurs paupières, les feuilles.

Jules Renard, *Journal*, Gallimard, 1935.

La cueillette des fruits n'est pas encore faite et mille crépitations inusitées font ressembler les arbres à des êtres animés.

George Sand, *La Mare au diable*, 1846.

L'homme prospère est comme l'arbre : les gens l'entourent tant qu'il est couvert de fruits ; mais sitôt les fruits tombés, les gens se dispersent à la recherche d'un arbre meilleur.

Conte anonyme persan, *Les Mille et Une Nuits*, VIIIe siècle.

La génération des hommes est semblable à celle des feuilles. Le vent répand les feuilles sur la terre, la forêt germe et en produit de nouvelles, et le temps du printemps arrive.

Homère

Tu peux être Dieu des chiens, Dieu des chats, Dieu des pauvres, il te suffit d'une laisse, d'un peu de mou, de quelque fortune, mais tu ne seras jamais maître de l'arbre. Tu ne pourras jamais que vouloir devenir arbre à ton tour.

Georges Perec, *Un homme qui dort*, Denoël, 1967.

Il faut que les phrases s'agitent dans un livre comme les feuilles dans une forêt, toutes dissemblables en leur ressemblance.

Gustave Flaubert, *Œuvres complètes, Correspondance, II*, «Lettre du 15 avril 1852 à Louise Colet».

Je ne puis regarder une feuille
d'arbre sans être écrasé
par l'univers.

Victor Hugo

Les arbres et le vent se délectent de la mélodie qu'ensemble ils enfantent, et l'oiseau, porté par le souffle, est un messager du ciel autant que la terre.

Pierre Rabhi, *Le Recours à la Terre,* Terre du ciel, 1995.

Je suis tellement heureux lorsque je me promène dans les bois, parmi les arbres, les fleurs et les rochers. Personne n'aime la campagne autant que moi. Ici, la surdité ne me préoccupe plus.

Ludwig van Beethoven

Et les arbres tendaient la froide lune eucharistique au bout de leurs branches.

Jules Renard, *Journal,* 29 mai 1894, Gallimard, 1935.

Nous avons tous le droit à la beauté et la poésie de nos forêts.

George Sand, *Les Jardins d'Italie*, in *Nouvelles Lettres d'un voyageur*, 1855.

[…] un paysan qui me regarde dessiner un tronc d'arbre et travailler une heure durant sans bouger, s'imagine que je suis fou et se moque de moi.

Vincent Van Gogh

2

Souvenirs d'arbres

Il y avait, hors la porte de la cour, une terrasse à gauche en entrant, sur laquelle on allait souvent s'asseoir l'après-midi, mais qui n'avait point d'ombre. Pour lui en donner, M. Lambercier y fit planter un noyer. La plantation de cet arbre se fit avec solennité : les deux pensionnaires en furent les parrains ; et, tandis qu'on comblait le creux, nous tenions l'arbre chacun d'une main avec des chants de triomphe. On fit, pour l'arroser, une espèce de bassin tout autour du pied. Chaque jour, ardents spectateurs de cet arrosement, nous nous confirmions, mon cousin et moi, dans l'idée très naturelle qu'il était plus beau de planter un arbre sur la terrasse qu'un drapeau sur la brèche, et nous résolûmes de nous procurer cette gloire sans la partager avec qui que ce fût.

Jean-Jacques Rousseau, *Les Confessions*, Livre I, 1782.

Assez tôt, j'ai compris que je n'allais pas pouvoir faire grand-chose pour changer le monde. Je me suis alors promis de m'installer quelque temps, seul, dans une cabane. Dans les forêts de Sibérie. J'ai acquis une isba de bois, loin de tout, sur les bords du lac Baïkal. Là, pendant six mois, à cinq jours de marche du premier village, perdu dans une nature démesurée, j'ai tâché d'être heureux. Je crois y être parvenu. Deux chiens, un poêle à bois, une fenêtre ouverte sur un lac suffisent à la vie. Et si la liberté consistait à posséder le temps? Et si le bonheur revenait à disposer de solitude, d'espace et de silence – toutes choses dont manqueront les générations futures? Tant qu'il y aura des cabanes au fond des bois, rien ne sera tout à fait perdu.

Sylvain Tesson, *Dans les forêts de Sibérie*, Gallimard, 2011.

Tout seul,
Que le berce l'été, que l'agite l'hiver,
Que son tronc soit givré ou son branchage vert,
Toujours, au long des jours de tendresse ou de
haine,
Il impose sa vie énorme et souveraine
Aux plaines.

Il voit les mêmes champs depuis cent et cent ans
Et les mêmes labours et les mêmes semailles ;
Les yeux aujourd'hui morts, les yeux
Des aïeules et des aïeux
Ont regardé, maille après maille,
Se nouer son écorce et ses rudes rameaux.
Il présidait tranquille et fort à leurs travaux ;
Son pied velu leur ménageait un lit de mousse ;
Il abritait leur sieste à l'heure de midi
Et son ombre fut douce
À ceux de leurs enfants qui s'aimèrent jadis.

Émile Verhaeren, « L'Arbre » (extrait), *La Multiple Splendeur*, Mercure de France, 1906.

Les Marronniers sous l'orage, Vichy, 1956

Les marronniers étaient tranquilles sous leur vert
À peine un souffle chaud balançait leur feuillage
Qu'illuminaient de rose au-dessus du branchage
Leurs bouquets tout fleuris aux abeilles offerts.

Tout à coup, lourds et noirs, des nuages dans l'air
Firent, en se heurtant, se déchaîner l'orage
Les vents en tourbillons se ruèrent, sauvages
Précipitant la pluie au travers des éclairs.

Le tonnerre éclatait par mornes intervalles
Et sous les paquets d'eau que lançaient les rafales
Les arbres ruisselaient comme baignés de pleurs.
Enfin tout s'apaisa ! En fuyant, les nuées
Ne laissaient pour témoins que de pâles lueurs
Et du sol flagellé de montantes buées !

Jean d'Arvor, *in* Patrick Poivre d'Arvor, *L'Appel ardent de Jean d'Arvor*, Melis éditions, 2011.

Les Quatre Saisons – Le printemps

Au printemps, c'est dans les bois nus
Qu'un jour nous nous sommes connus.

Les bourgeons poussaient, vapeur verte.
L'amour fut une découverte.

Grâce aux lilas, grâce aux muguets,
De rêveurs nous devînmes gais.

Sous la glycine et le cytise,
Tous deux seuls, que faut-il qu'on dise?

Nous n'aurions rien dit, réséda,
Sans ton parfum qui nous aida.

Charles Cros, *Le Coffret de santal*, 1873.

Dans les automnes de naguère,
J'avais des peupliers d'or fin,
De longs peupliers de lumière.
J'y pense devant les sapins
Abattus de cette clairière.

Ma petite chambre d'enfant
Ressemblait à un berceau blanc,
Un berceau étoilé de fleurs
Que mes peupliers, dans le vent,
Berçaient, berçaient durant des heures.
[...]

Je lisais tout : des devinettes,
Des almanachs, de vieux romans.
Les fées riaient à ma fenêtre,
Et mes peupliers, doucement,
Rythmaient les vers de mes poètes.

Maurice Carême, « Dans les automnes de naguère » (extrait), *Brabant*. Fondation Maurice Carême.

L'allée d'eucalyptus

Dans mon village natal de Sardaigne se trouve une belle avenue bien droite ; elle est bordée des deux côtés par une centaine d'eucalyptus magnifiques.

Un médecin du village conseillait à ses patients souffrant de troubles respiratoires ou de gros rhumes, de faire un aller-retour chaque jour à pas soutenus sous ces grands arbres odorants centenaires en respirant fortement.

Luciano Melis, 2016.

Le murmure d'un verger d'oliviers a quelque chose de très intime, d'immensément vieux. C'est trop beau pour que j'ose le peindre ou puisse le concevoir.

Vincent Van Gogh *Lettres à son frère Théo,* 29 avril 1889.

L'Enfant et le Tilleul

Cette petite enfant croyait
– Quand elle chantait toute seule
Dans le fond du jardin –
Que personne ne l'écoutait.
Mais elle oubliait le tilleul
    À qui le vent prêtait
    Sa longue flûte verte,
Le tilleul qui se croyait seul
Lui aussi au cœur de l'été.
Et les étoiles, sur le bord
Bleu du ciel, se penchaient si fort
    Pour mieux les écouter
    Qu'on les voyait tomber
Toutes luisantes par milliers.

Maurice Carême, *Au clair de la lune*. Fondation Maurice Carême.

Les arbres, les arbrisseaux, les plantes, les fleurs, transportés dans nos bois, dans nos champs, dans nos jardins, annoncent la variété et la richesse du règne végétal en Amérique. Qui ne connaît aujourd'hui le laurier couronné de roses appelé magnolia, le marronnier qui porte une véritable hyacinthe, le catalpa qui reproduit la fleur de l'oranger, le tulipier qui prend le nom de sa fleur, l'érable à sucre, le hêtre pourpre, le sassafras, et parmi les arbres verts et résineux, le pin du lord Weymouth, le cèdre de la Virginie, le baumier de Gilead, et ce cyprès de la Louisiane, aux racines noueuses, au tronc énorme, dont la feuille ressemble à une dentelle de mousse? les lilas, les azaléas, les pompadouras ont enrichi nos printemps; les aristoloches, les ustérias, les bignonias, les décumarias, les célustris, ont mêlé leurs fleurs, leurs fruits et leurs parfums à la verdure de nos lierres.

François-René de Chateaubriand, *Voyage en Amérique*, 1828.

Un jour je m'étais amusé à effeuiller une branche de saule sur un ruisseau, et à attacher une idée à chaque feuille que le courant entraînait. Un roi qui craint de perdre sa couronne par une révolution subite ne ressent point des angoisses plus vives que les miennes à chaque accident qui menaçait les débris de mon rameau. Ô faiblesse des mortels ! Ô enfance du cœur humain qui ne vieillit jamais ! Voilà donc à quel degré de puérilité notre superbe raison peut descendre ! Et encore, est-il vrai que bien des hommes attachent leur destinée à des choses d'aussi peu de valeur que mes feuilles de saule.

François-René de Chateaubriand, « Les Feuilles de saule », *Sublimités.*

À Van Gogh

Plus de serments sous les tonnelles
Mon prince froide est la vêprée
Où s'assoupissent les cyprès
Figés comme des sentinelles
Ô mes cyprès par les hivers
Soyez de mon cœur le couvert

Comme une armée sur notre terre
Vous résistez au vieux mistral
Qui fait des siennes magistral
Sur nos champeaux et nos parterres
Ô mes cyprès par les gros temps
Soyez nos rudes combattants

Au crépuscule où rien ne bouge
Vous flamboyez silencieux
Titanesques sous les grands cieux
Attifés d'azur et de rouge
Ô mes cyprès si noirs si beaux
Soyez de mes nuits les flambeaux.

Robert Vitton, *À la vie! À la mort!*, Le Chasseur abstrait, 2010.

À quelques pas de la mairie, ils creusent un trou, dressent le frêne au milieu et le maintiennent bien droit. Quelques pelletées de terre pour le faire tenir tout seul. Cet arbre, lien entre la terre et le ciel, s'élance, haut, fier, comme un pied de nez. […]

« Voilà le peuple debout ! Notre village a de l'allure avec cet arbre ! La vie ne sera plus pareille ! dit Montcharmont au pied de l'arbre de la liberté.

— Espérons ! », crient les autres.

Marieke Aucante, *L'Arbre de la liberté*, L'Écir, 2008.

À un vieil arbre

Tu réveilles en moi des souvenirs confus.
Je t'ai vu, n'est-ce pas ? moins triste et moins modeste.
Ta tête sous l'orage avait un noble geste,
Et l'amour se cachait dans tes rameaux touffus.
D'autres, autour de toi, comme de riches fûts,
Poussaient leurs troncs noueux vers la voûte céleste.

Ils sont tombés, et rien de leur beauté ne reste ;
Et toi-même, aujourd'hui, sait-on ce que tu fus ?
Ô vieil arbre tremblant dans ton écorce grise !
Sens-tu couler encore une sève qui grise ?
Les oiseaux chantent-ils sur tes rameaux gercés ?
Moi, je suis un vieil arbre oublié dans la plaine,
Et, pour tromper l'ennui dont ma pauvre âme est pleine,
J'aime à me souvenir des nids que j'ai bercés.

Léon-Pamphile Le May.

Trois arbres en route
Vers nulle part
Ils longent seuls
Un chemin désert
Comme les champs à côté
Comme aussi le ciel
Qui ne bouge pas
Mais tombe

Un jour on m'a laissé admirer
Ces arbres peints
En trois temps inclinés

Aujourd'hui, lecteur, tu
Les regardes à ma place –
Mais plus pour longtemps.

Jan Baetens, d'après Meindert Hobbema, *L'Allée de Middelharnis*, 1689. *Autres Nuages*, Les Impressions nouvelles, 2012.

Dès le matin, dans les villages,
D'après qu'il chante ou pleure, on augure du temps ;
Il est dans le secret des violents nuages
Et du soleil qui boude aux horizons latents ;
Il est tout le passé debout sur les champs tristes,
Mais quels que soient les souvenirs
Qui, dans son bois, persistent,
Dès que janvier vient de finir
Et que la sève, en son vieux tronc, s'épanche,

Avec tous ses bourgeons, avec toutes ses branches,
– Lèvres folles et bras tordus –
Il jette un cri immensément tendu
Vers l'avenir.

Alors, avec des rais de pluie et de lumière,
Il frôle les bourgeons de ses feuilles premières,
Il contracte ses nœuds, il lisse ses rameaux;
Il assaille le ciel, d'un front toujours plus haut;
Il projette si loin ses poreuses racines
Qu'il épuise la mare et les terres voisines
Et que parfois il s'arrête, comme étonné
De son travail muet, profond et acharné.

Mais pour s'épanouir et régner dans sa force,
Ô les luttes qu'il lui fallut subir, l'hiver!
Glaives du vent à travers son écorce.
Cris d'ouragan, rages de l'air,
Givres pareils à quelque âpre limaille,
Toute la haine et toute la bataille,
Et les grêles de l'est et les neiges du nord,
Et le gel morne et blanc dont la dent mord,
Jusqu'à l'aubier, l'ample écheveau des fibres,

Tout lui fut mal qui tord, douleur qui vibre,
Sans que jamais pourtant
Un seul instant
Se ralentît son énergie
À fermement vouloir que sa vie élargie
Fût plus belle, à chaque printemps.

Émile Verhaeren, « L'Arbre » (extrait), *La Multiple Splendeur*, 1906.

On y apercevait à peine la trace d'anciennes allées qui l'avaient jadis coupé en croix. La culture était négligée depuis de longues années, et des plants épars de clématites, de houblon, de chèvrefeuille, de jasmin, de lierre, d'aristoloche, étendaient entre des arbres d'une croissance vigoureuse leurs longues traînées de lianes. Des branches pliaient jusqu'à terre, chargées de fruits, et, parmi des touffes d'herbes parasites, s'épanouissaient quelques fleurs de jardin revenues à l'état sauvage.

De loin en loin s'élevaient des massifs de peupliers, d'acacias et de pins, au sein desquels on entrevoyait des statues noircies par le temps. J'aperçus devant moi un entassement de rochers couverts de lierre d'où jaillissait une source d'eau vive, dont le clapotement harmonieux résonnait sur un bassin d'eau dormante à demi voilée de larges feuilles de nénuphar.

Gérard de Nerval, *Aurélia*, Livre VI, 1855.

C'était l'heure et c'était la saison où le Bois semble peut-être le plus multiple, non seulement parce qu'il est le plus subdivisé, mais encore parce qu'il l'est autrement. Même dans les parties découvertes où l'on embrasse un grand espace, çà et là, en face des sombres masses lointaines des arbres qui n'avaient pas de feuilles ou qui n'avaient pas encore leurs feuilles de l'été, un double rang de marronniers orangés semblait, comme dans un tableau à peine commencé, avoir seul encore été peint par le décorateur qui n'aurait pas mis de couleur sur le reste, et tendait son allée en pleine lumière pour la promenade épisodique de personnages qui ne seraient ajoutés que plus tard.

Plus loin, là où toutes leurs feuilles vertes couvraient les arbres, un seul, petit trapu, étêté et têtu, secouait au vent une vilaine chevelure rouge. Ailleurs encore c'était le premier éveil de ce mois de mai des feuilles, et celles d'un ampelopsis, merveilleux et souriant comme une épine rose de l'hiver, depuis le matin même étaient tout en fleur. Et le Bois avait l'aspect provisoire et factice d'une pépinière ou d'un parc où, soit dans un intérêt botanique, soit pour la préparation d'une fête, on vient d'installer, au milieu des arbres de sorte commune qui n'ont pas encore été déplantés, deux ou trois espèces précieuses, aux feuillages fantastiques et qui semblent autour d'eux réserver du vide, donner de l'air, faire de la clarté.

Ainsi c'était la saison où le Bois de Boulogne trahit le plus d'essences diverses et juxtapose le plus de parties distinctes en un assemblage composite.

Marcel Proust, *À la recherche du temps perdu*, Tome I, *Du côté de chez Swann,* 1913.

Côme regardait le monde du haut de son arbre : tout, vu de là, était différent. C'était un premier sujet d'amusement. [...]

Il ne fut pas difficile à mon frère de franchir ce pas et de conquérir la cime de l'orme : nous n'avions jamais exploré celui-ci, tant ses ramures étaient hautes et grande la difficulté de s'y hisser en partant du sol. De l'orme, en cherchant une branche qui coudoyât un autre arbre, on pouvait passer d'abord sur un caroubier, puis sur un mûrier. C'est ainsi que je vis Côme avancer d'une branche à l'autre, toujours planant au-dessus du jardin.

Italo Calvino, *Le Baron perché*, Seuil, 1960.

— Allons, député du centre, en avant ! Il s'agit d'aller au pas accéléré si nous voulons être à table en même temps que les autres. Haut le pied ! Saute, marquis ! là donc ! bien. Vous franchissez les sillons comme un véritable cerf !

Ces paroles étaient prononcées par un chasseur paisiblement assis sur une lisière de la forêt de L'Isle-Adam, et qui achevait de fumer un cigare de La Havane en attendant son compagnon, sans doute égaré depuis longtemps dans les halliers de la forêt. À ses côtés, quatre chiens haletants regardaient comme lui le personnage auquel il s'adressait.

[...]

Le vent n'agissant que dans la haute région de l'air, l'atmosphère comprimait vers les bas-fonds les brûlantes vapeurs de la terre. Entouré de hautes futaies qui le privaient d'air, le vallon que franchissait le chasseur avait la température d'une fournaise. Ardente et silencieuse, la forêt semblait avoir soif. Les oiseaux, les insectes étaient muets, et les cimes des arbres s'inclinaient à peine. Les personnes auxquelles il reste quelque souvenir de l'été de 1819 doivent donc compatir aux maux du pauvre ministériel, qui suait sang et eau pour rejoindre son compagnon moqueur. Tout en fumant son cigare, celui-ci avait calculé, par la position du soleil, qu'il pouvait être environ cinq heures du soir.

— Où diable sommes-nous? dit le gros chasseur en s'essuyant le front et s'appuyant contre un arbre du champ, presque en face de son compagnon…

Honoré de Balzac, *Adieu*, 1846.

La forêt que Simplice rencontra était un immense nid de verdure, des feuilles et encore des feuilles, des charmilles impénétrables coupées par de majestueuses avenues. La mousse, ivre de rosée, s'y livrait à une débauche de croissance ; les églantiers, allongeant leurs bras flexibles, se cherchaient dans les clairières pour exécuter des danses folles autour des grands arbres ; les grands arbres eux-mêmes, tout en restant calmes et sereins, tordaient leur pied dans l'ombre et montaient en tumulte baiser les rayons d'été. L'herbe verte croissait au hasard, sur les branches comme sur le sol ; la feuille embrassait le bois, tandis que, dans leur hâte de s'épanouir, pâquerettes et myosotis, se trompant parfois, fleurissaient sur les vieux troncs abattus.

Émile Zola, *Contes à Ninon*, 1864.

3

L'amour des arbres

En m'approchant de la colline où il se tient en vigile de silence, il grandit à mes yeux. Il s'anime à mes oreilles et la main qui en caresse le tronc me dit sa puissance. Des battements sourds se font entendre. Je ne sais d'abord leur provenance, ils sont de mon propre cœur. Car ici la rareté de la vie donne à la vie sa vraie mesure.

Pierre Rabhi, *Un arbre en ma mémoire*, Terre et Humanisme, 2014.

Comme par miracle il nous arrive parfois
Que la nature ait planté ici ou là
Exprès pour un grand bel arbre

Un arbre souverain où mieux prévoir
Élargir émonder préserver
Nos chances nos cautions nos sursis
Au fertile diapason
Des branches et du tronc

Un arbre où s'adosser
S'allonger paître dormir
Afin de mieux nous voir
Croître à ses pieds.

André Verdet, *Les Voies de l'univers, les désordres de l'homme*, Centro Diffusione Arte, Milan, 1995.

Je fis remarquer au petit prince que les baobabs ne sont pas des arbustes, mais des arbres grands comme des églises et que, si même il emportait avec lui tout un troupeau d'éléphants, ce troupeau ne viendrait pas à bout d'un seul baobab.

Antoine de Saint-Exupéry, *Le Petit Prince*, Gallimard, 1946.

Les chênes, les pins, et leurs frères de la forêt ont vu tant de soleils se lever et se coucher si solitaires, et le début et la fin de tant de saisons, et disparaître en silence tant de générations, quel questionnement serait pour nous « l'histoire des arbres », s'ils avaient une langue pour nous la raconter ou bien si nos oreilles étaient assez sensibles pour comprendre.

Maud Van Buren, *Wisconsin Local History*, 1938, traduit de l'anglais par Luciano Melis.

Les forêts ont été les premiers temples des dieux, et les hommes en ont déduit d'eux la première idée de l'architecture [...]. Les forêts précèdent les gens, les déserts les suivent.

François-René de Chateaubriand, *Génie du christianisme*, 1802.

Vastes Forêts, Forêts magnifiques et fortes,
Quel infaillible instinct nous ramène toujours
Vers vos vieux troncs drapés de mousses de velours
Et vos étroits sentiers feutrés de feuilles mortes?

Le murmure éternel de vos larges rameaux
Réveille encore en nous, comme une voix profonde,
L'émoi divin de l'homme aux premiers jours du monde,
Dans l'ivresse du ciel, de la terre, et des eaux.

Grands bois, vous nous rendez à la Sainte Nature.
Et notre cœur retrouve, à votre âme exalté,
Avec le jeune amour l'antique liberté,
Grands bois grisants et forts comme une chevelure !

Vos chênes orgueilleux sont plus durs que le fer ;
Dans vos halliers profonds nul soleil ne rayonne ;
L'horreur des lieux sacrés au loin vous environne,
Et vous vous lamentez aussi haut que la mer !

Quand le vent frais de l'aube aux feuillages circule,
Vous frémissez aux cris de mille oiseaux joyeux ;
Et rien n'est plus superbe et plus religieux
Que votre grand silence, au fond du crépuscule...

Autrefois vous étiez habités par les dieux ;
Vos étangs miroitaient de seins nus et d'épaules,

Et le Faune amoureux, qui guettait dans les saules,
Sous son front bestial sentait flamber ses yeux.

La Nymphe grasse et rousse ondoyait aux clairières
Où l'herbe était foulée aux pieds lourds des Silvains,
Et, dans le vent nocturne, au long des noirs ravins,
Le Centaure au galop faisait rouler des pierres.

Votre âme est pleine encor des songes anciens ;
Et la flûte de Pan, dans les campagnes veuves,
Les beaux soirs où la lune argente l'eau des fleuves,
Fait tressaillir encor vos grands chênes païens.

Les Muses, d'un doigt pur soulevant leurs longs voiles
À l'heure où le silence emplit le bois sacré,
Pensives, se tournaient vers le croissant doré,
Et regardaient la mer soupirer aux étoiles…

Albert Samain, « Forêts » (extrait) *Le Chariot d'or. Symphonie héroïque*, Mercure de France, 1896.

Les Tilleuls en fleurs

Mes tilleuls sont fleuris, l'air frais qui les balance
S'embaume miellé dans le calme matin,
Un long bourdonnement vibre dans le silence
Comme un frôlement doux fait d'ailes de satin.

Chaque branche alourdie offre son opulence
À l'abeille accourue à cet exquis festin ;
Et de chaque rucher tout un peuple s'élance
Pour revenir chargé du délicat butin.

Et la fleur s'offre heureuse et s'étale royale
Car c'est, sous le soleil, sa fête nuptiale,
La fête de l'amour pour sa fécondité.

L'insecte la saisit, l'aspire, la caresse
Et pompe son pollen avec avidité
Communiant ainsi d'une même allégresse.

Jean d'Arvor *in* Patrick Poivre d'Arvor, *L'Appel ardent de Jean d'Arvor*, Melis éditions, 2011.

Il avait suivi son idée, et les hêtres qui m'arrivaient aux épaules, répandus à perte de vue, en témoignaient. Les chênes étaient drus et avaient dépassé l'âge où ils étaient à la merci des rongeurs ; quant aux desseins de la Providence elle-même, pour détruire l'œuvre créée, il lui faudrait avoir désormais recours aux cyclones. Il me montra d'admirables bosquets de bouleaux qui dataient de cinq ans, c'est-à-dire de 1915, de l'époque où je combattais à Verdun.

Jean Giono, *L'Homme qui plantait des arbres*, Gallimard, 1953.

[…] Comme moi, tu aimes la forêt plus que les espaces ouverts, les arbres en liberté plus que les massifs taillés net, les allées folles sous les frondaisons plus que les tracés rectilignes et bien ratissés, qui figent l'espace et l'horizon en une géométrie de convenance.

Jean Orizet, *L'Attrapeur de rêves*, Melis éditions, 2006.

Les sapins en bonnets pointus
De longues robes revêtus
Comme des astrologues
Saluent leurs frères abattus
Les bateaux qui sur le Rhin voguent

Dans les sept arts endoctrinés
Par les vieux sapins leurs aînés
Qui sont de grands poètes
Ils se savent prédestinés
À briller plus que des planètes

À briller doucement changés
En étoiles et enneigés
Aux Noëls bienheureuses
Fêtes des sapins ensongés
Aux longues branches langoureuses

Les sapins beaux musiciens
Chantent des noëls anciens
Aux vents des soirs d'automne
Ou bien graves magiciens
Incantent le ciel quand il tonne

Guillaume Apollinaire, « Les Sapins » (extrait), *Alcools*, 1913.

[...] comme s'il eût été familier avec ces immenses solitudes; plus il pénétrait dans la forêt, plus elle prenait un caractère grandiose et sauvage. Peu à peu la voûte feuillée s'épaissit au point que le soleil cessa d'y pénétrer; les arbres poussaient rapprochés les uns des autres, droits et élancés comme des colonnes supportant un toit impénétrable à la lumière. Le vent lui-même passait sur ce dôme de verdure, mais sans se glisser dans ce séjour des ombres : on eût dit que, depuis la création, toute cette partie de la forêt avait sommeillé dans un crépuscule éternel.

Alexandre Dumas, *Le Capitaine Pamphile*, 1839.

En octobre, quand l'or triomphe en son feuillage,
Mes pas larges encore, quoique lourds et lassés,
Souvent ont dirigé leur long pèlerinage
Vers cet arbre d'automne et de vent traversé.
Comme un géant brasier de feuilles et de flammes,
Il se dressait, superbement, sous le ciel bleu,
Il semblait habité par un million d'âmes
Qui doucement chantaient en son branchage creux.
J'allais vers lui les yeux emplis par la lumière,
Je le touchais, avec mes doigts, avec mes mains,

Je le sentais bouger jusqu'au fond de la terre
D'après un mouvement énorme et surhumain ;
Et j'appuyais sur lui ma poitrine brutale,
Avec un tel amour, une telle ferveur,
Que son rythme profond et sa force totale
Passaient en moi et pénétraient jusqu'à mon
cœur.
Alors, j'étais mêlé à sa belle vie ample ;
Je me sentais puissant comme un de ses
rameaux ;
Il se plantait, dans la splendeur, comme un
exemple ;
J'aimais plus ardemment le sol, les bois, les
eaux,
La plaine immense et nue où les nuages
passent ;
J'étais armé de fermeté contre le sort,
Mes bras auraient voulu tenir en eux l'espace ;

Mes muscles et mes nerfs rendaient léger mon
corps
Et je criais : « La force est sainte.
Il faut que l'homme imprime son empreinte

Tranquillement, sur ses desseins hardis :
Elle est celle qui tient les clefs des paradis
Et dont le large poing en fait tourner les
portes. »
Et je baisais le tronc noueux, éperdument,
Et quand le soir se détachait du firmament,
Je me perdais, dans la campagne morte,
Marchant droit devant moi, vers n'importe où,
Avec des cris jaillis du fond de mon cœur fou.

Émile Verhaeren, « L'Arbre » (extrait), *La Multiple splendeur*, 1906.

Leurs tilleuls, je les voudrais pour ma résidence, ces quelques arbres qui ne sont pas à moi, me gâchent la possession du monde.

Johann Wolfgang von Goethe, *Faust et le second Faust,* traduction de l'allemand par Gérard de Nerval, 1877.

Jardin Maria-Serena, Menton

Toutes les essences qui s'épanouissent dans le microclimat mentonnais sont là représentées : hauts palmiers *Washingtonia*, orangers, mandariniers, citronniers, bananiers, pins maritimes, pins parasols, pins d'Alep, chênes verts que je préfère appeler yeuses, oliviers, cyprès, eucalyptus, mimosas, caroubiers ; d'autres encore dont les noms me sont inconnus. Entourant pelouses et bassins où, sous les nénuphars, entre les papyrus, évoluent des poissons rouges, voici des bouquets de bambous, des massifs d'hibiscus et de cytises des Canaries, des gerbes de lauriers-roses [...].

Jean Orizet, *Les Forêts de l'impossible*, Melis éditions-Le Cherche Midi, 2011.

En Angleterre, ce pays où les agriculteurs savent faire produire à leurs champs des récoltes si abondantes, mais où le peuple a toujours eu pour les arbres plus de respect que n'en ont les nations latines, il est peu de sites qui n'aient une certaine grâce, ou même une véritable beauté, soit à cause des grands chênes isolés étalant leurs branches au-dessus des prairies, soit à cause des massifs d'essences diverses, parsemés avec art autour des villages et des châteaux. L'art des hommes, quoi que puissent en penser certains esprits moroses, a le pouvoir d'embellir jusqu'à la nature libre, en lui donnant le charme de la perspective et de la variété, et surtout en la mettant en harmonie avec les sentiments intimes de ceux qui l'habitent.

Élisée Reclus, *L'Homme et la Terre*, 1905.

Éloge de l'oranger

Sommes-nous, dit-il, en Provence?
Quel amas d'arbres toujours verts
Triomphe ici de l'inclémence
Des aquilons et des hivers?

Jasmins dont un air doux s'exhale,
Fleurs que les vents n'ont pu ternir,
Aminte en blancheur vous égale,
Et vous m'en faites souvenir.
Orangers, arbres que j'adore,
Que vos parfums me semblent doux !
Est-il dans l'empire de Flore
Rien d'agréable comme vous ?
Vos fruits aux écorces solides
Sont un véritable trésor ;
Et le jardin des Hespérides
N'avait point d'autres pommes d'or.
Lorsque votre automne s'avance,
On voit encor votre printemps ;
L'espoir avec la jouissance
Logent chez vous en même temps.
Vos fleurs ont embaumé tout l'air que je respire :
Toujours un aimable zéphyr
Autour de vous se va jouant.
Vous êtes nains ; mais tel arbre géant,

Qui déclare au soleil la guerre,
Ne vous vaut pas,

Bien qu'il couvre un arpent de terre
Avec ses bras.

Jean de La Fontaine, *Les Amours de Psyché et de Cupidon*, 1669.

Et quand on voit l'arbre, quand vous regardez le chêne,
Cette rude écorce du chêne treize et quatorze fois et dix-huit fois centenaire,
Et qui sera centenaire et séculaire dans les siècles des siècles,
Cette dure écorce rugueuse et ces branches qui sont comme un fouillis de bras énormes,
(Un fouillis qui est un ordre),
Et ces racines qui s'enfoncent et qui empoignent la terre comme un fouillis de jambes énormes,
(Un fouillis qui est un ordre),

Quand vous voyez tant de force et tant de rudesse le petit bourgeon tendre ne paraît plus rien du tout.

Charles Péguy, *Le Mystère des saints innocents*, Gallimard, 1929.

Chênes mystérieux, forêt de la Grésigne,
Qui remplissez le gouffre et la crête des monts,
J'ai vu vos clairs rameaux sous la brise bénigne
Balancer doucement le ciel et ses rayons.
Ah! Dans le sombre hiver, pendant les nuits d'orage,
Lorsqu'à votre unisson lamentent les corbeaux,
Lorsque passe l'éclair sur votre fier visage,
Chênes, que vous devez être encore plus beaux!

Jean Moréas, *Les Stances*, 1905.

Tristesse, j'ai bâti ta maison, et les arbres
Mélangent leur jaspure aux taches de tes marbres,

Tristesse, j'ai bâti ton palais vert et noir
Où l'if du deuil s'allie aux myrtes de l'espoir.

Henri de Régnier, « Le Faune au miroir » (extrait), *Les Jeux rustiques et divins,* Mercure de France, 1897.

Le soir, il s'efforçait de ne pas trop réfléchir, souvent empêtré dans un semblant de monologue.

Chaque matin, lorsque le soleil dort encore, brille à poing fermé, tu prends le chemin de la coupe, tu pars à la rencontre de l'arbre qui, un jour peut-être, te tombera dessus et t'expédiera au pays des nuages blancs. En général le sommeil prenait le relais. Il arrivait à point nommé et le terrassait.

Le lendemain, il n'y pensait plus, il abattait, élaguait, éclaircissait. Certains s'effondraient, d'autres restaient debout. Que pensait de lui le peuple de la forêt ? Quelquefois, il délaissait un instant son ouvrage, se faufilait sous les branches d'un chêne ou d'un érable, guettant leur réaction. Ils ne manifestaient aucune colère, pas davantage de curiosité. Vladimir aurait apprécié qu'ils se penchent vers lui, le gratifient d'une moindre confidence mais il se souvint, se persuada qu'ici comme dans son pays les arbres tenaient leur langue et préservaient leurs secrets.

James Agee et Walker Evans, *Louons maintenant les grands hommes*, traduction de l'américain par Jean Queval, Plon, 1993.

Bel Arbre triomphant, victorieux trophée,
Qui pourroit dignement ta louange entonner?
Au seul ozer je sens ma Muse s'étonner,
Et ma voix au gosier de frayeur estouffée.
Soy donq, ô digne Croix, toy-mesme ton Orphée,
Et te plaise aujourd'huy piteuse me donner
Qu'à tousjours de ton Nom soit ma gloire étoffée,
Que mon penser ne puisse onques t'abandonner.
Et fay qu'à ce grand jour, qui te verra brillante,
Dans les plaines d'azur, ta lumière drillante
N'épouvante mon ame, aux pieds de ce vaincueur.

Les marquez à ton coing n'eurent jadis à
craindre.
Je ne craindray non plus, s'il te plaît de
t'empreindre,
Par le burin d'amour, sur le roc de mon cœur.

Jean de La Ceppède, « Bel Arbre triomphant » (extrait), *Théorèmes*, 1613-1621.

Devant la futaie, ils s'arrêtèrent, éblouis. Le soleil se levait et embrasait avec douceur les troncs. Une lumière blanche se frayait passage, dégringolait du ciel en fines poussières et se posait sur les herbes touffues. Le vent soufflait fort, faisant grand bruit, mais il épargnait cet espace dans lequel ils n'osaient encore se glisser. L'air pénétrant les fit chavirer. La beauté et l'harmonie se conjuguaient. Étourdis par la puissance envoûtante du décor dans lequel ils étaient entrés, ils demeuraient silencieux. Aucun bruit d'insecte, aucun chant d'oiseau ne venait heurter la quiétude du sous-bois, seul leur parvenait le sifflement rythmé du blizzard derrière les arbres. Les branches tremblaient comme des êtres vivants.

[...]

— Avez-vous déjà vu les paysages de Russie? Imaginez des étendues de bouleaux blancs, à perte de vue. On comprend les jeunes filles qui vont suspendre une couronne sur leurs arbres le jour de la Pentecôte. Le bouleau n'a rien de commun avec les autres essences, il laisse passer la lumière et éclaircit le sous-bois. On peut couper des sapins, des chênes, des châtaigniers sur la propriété, mais des bouleaux, jamais: c'est un don du ciel.

Marieke Aucante, *En écartant les branches*, Marivole, 2017.

Forêt silencieuse, aimable solitude,
Que j'aime à parcourir votre ombrage ignoré!
Dans vos sombres détours, en rêvant égaré,
J'éprouve un sentiment libre d'inquiétude!
Prestige de mon cœur! je crois voir s'exhaler
Des arbres, des gazons, une douce tristesse:

Cette onde que j'entends murmure avec mollesse,
Et dans le fond des bois semble encor m'appeler.
Oh ! que ne puis-je, heureux, passer ma vie entière
Ici, loin des humains ! – Au bruit de ces ruisseaux,
Sur un tapis de fleurs, sur l'herbe printanière,
Qu'ignoré je sommeille à l'ombre des ormeaux !
Tout parle, tout me plaît sous ces voûtes tranquilles
Ces genêts, ornements d'un sauvage réduit,
Ce chèvrefeuille atteint d'un vent léger qui fuit,
Balancent tour à tour leurs guirlandes mobiles.
Forêts, dans vos abris gardez mes vœux offerts !
À quel amant jamais serez-vous aussi chères ?
D'autres vous rediront des amours étrangères ;
Moi, de vos charmes seuls j'entretiens vos déserts.

François-René de Chateaubriand, *Tableau de la nature,* 1789.

Fane se souvint qu'à l'instant où l'arbre était tombé, elle avait senti une immense force, comme si le vieux tronc, destiné désormais au feu, léguait une sorte d'intemporalité, une éternelle présence. Plus vivante que jamais, elle s'était vue jeune dans ses rides et, comme le vieil arbre, toutes les étapes de sa vie réunies en une plante amoureuse de la terre et du ciel. Elle avait pensé : ce cerisier a été fidèle à lui-même jusqu'au bout, et même au-delà !

Ile Eniger, *La Femme en vol*, Éditions Parole, 2012.

Arbre je crois en toi je crie à ton feuillage
Je suis perdu loin du navire de tes ombres.
Que ta sève aux rameaux de mes veines
remonte
Fleuve fidèle, épais, de neige et de nuage.
Arbre, mon univers déchiqueté d'oiseaux,
Tu n'es plus qu'une main dressée en mon
désert
Là-bas, sur l'horizon interne de l'hiver,
Pauvre main qui surgit ramenée à ses os.

Arbre vivant et vrai qu'enlacent les collines,
Arbre peuplé de chants, de durée et d'étoiles,
Image de ma chair, beau visage natal
Que la nuit tour à tour révèle puis incline,
Arbre, en moi va mourir ton ultime racine,
J'appelle d'une voix de branches dans le vent
Ta forêt qui s'enfuit et s'arrache à mon sang.

Georges-Emmanuel Clancier, *Terres de mémoire*, Robert Laffont, 1965.

Dans la tiède forêt que baigne un jour vermeil,
Le grand chêne noueux, le père de la race,
Penche sur le coteau sa rugueuse cuirasse
Et, solitaire aïeul, se réchauffe au soleil.

Du fumier de ses fils étouffés sous son ombre,
Robuste, il a nourri ses siècles florissants,
Fait bouillonner la sève en ses membres
puissants,
Et respiré le ciel avec sa tête sombre.

Anatole France, « Le Chêne abandonné » (extrait), in *Les Poèmes dorés*, Alphonse Lemerre, 1873.

Que j'aime ces bois solitaires !
Aux bois se plaisent les amants ;
Les nymphes y sont moins sévères,
Et les bergers plus éloquents.
Les gazons, l'ombre et le silence
Inspirent les tendres aveux ;
L'Amour est aux bois sans défense ;
C'est aux bois qu'il fait des heureux.
Ô vous qui, pleurant sur vos chaînes,
Sans espoir servez sous ses lois,
Pour attendrir vos inhumaines,
Tâchez de les conduire aux bois !
Venez aux bois, beautés volages ;
Ici les amours sont discrets :
Vos sœurs visitent les ombrages,
Les Grâces aiment les forêts.

Nicolas Gilbert, « Les Charmes des bois », in *Poésies*, 1833.

Arbre, mon arbre, Amour serait ton nom, s'il m'appartenait de te nommer, ô statue d'une soif constante, ta vigueur s'élève en toi comme l'huile entre les fibres et tu ne cesses de te construire car tu ne vis que de grandir. Par le corps ardent des cieux, par la chair de l'air fraîche et fluide, par ce qui brûle aussi, là-haut, tu es appelé à l'altitude. Je t'aime, je voudrais aimer comme toi, être aimé comme tu aimes, frémir, grandir, périr…

Paul Valéry, *Alphabet*, 1924.

Encore une fois, le vieux poirier a choisi la vie. Ses fleurs éclairent les branches noueuses et montent en parfums. Sa carcasse cagneuse augmente le paysage d'une radieuse déflagration. L'éternité c'est maintenant qui renouvelle la rayonnante et fragile floraison. Le fruitier traverse sa vie d'arbre…

Ile Eniger, *La Maison dans les airs*, Éditions Chemins de Plume, 2014.

Près de la fontaine, à la porte de la ville,
S'élève un tilleul;
Dans son ombre,
J'ai fait tant de doux rêves.
Dans son écorce,
J'ai gravé tant de mots d'amour;
La joie comme la peine
Toujours vers lui m'ont attiré.
Mais aujourd'hui encore j'ai dû partir
Dans la nuit profonde;
Alors dans l'obscurité,
J'ai à nouveau fermé les yeux.
Et ses rameaux bruissaient
Comme pour m'appeler:
«Viens donc à moi, compagnon
Ici, tu peux trouver le repos!»

Les vents froids
M'ont fouetté le visage,
Mon chapeau s'est envolé,
Mais je ne me suis point retourné.
Aujourd'hui, je me trouve
Bien loin de cet endroit,

Mais je continue à entendre ce bruissement :
« Là-bas, tu trouverais le repos ! »

Wilhelm Müller, « Le Tilleul » (extrait), écrit en 1822, mis en musique par Franz Schubert.

Érable rouge

Dans le vent qui les tord, les érables se plaignent,
Et j'en sais un, là-bas, dont tous les rameaux saignent !
Il est dans la montagne, auprès d'un chêne vieux,
Sur le bord d'un chemin sombre et silencieux.
L'écarlate s'épand et le rubis s'écoule
De sa large ramure au bruit frais d'eau qui coule.
Il n'est qu'une blessure où, magnifiquement,
Le rayon qui pénètre allume un flamboiement !
Le bel arbre ! On dirait que sa cime qui bouge
A trempé dans les feux mourants du soleil rouge !
Sur le feuillage d'or au sol brun s'amassant,
Par instants, il échappe une feuille de sang.
Et quand le soir éteint l'éclat de chaque chose,

L'ombre qui l'enveloppe en devient toute rose !
La lune bleue et blanche au lointain émergeant,
Dans la nuit vaste et pure y verse une eau d'argent.
Et c'est une splendeur claire que rien n'égale,
Sous le soleil penchant ou la nuit automnal.

Albert Lozeau, *Poésies complètes*, Montréal, 1925-1926.

4

L'arbre philosophe

Et en contemplant cet être magnifique drapé des secrets d'une longue histoire qu'il est seul à pouvoir conter, j'imagine ses innombrables compagnons que la terre nourrissait pour en être mieux nourrie. Et dans cette réciprocité vitale s'exprimait toute l'intelligence de la vie car l'arbre n'est pas seulement racine, tronc, branche et feuillage, il est un pont vertical unissant les forces telluriques à celles du cosmos. Il est prière incessante adressée à l'univers pour attirer tous les bienfaits de la vie sur la terre et les humains et sur toute créature de la création.

Pierre Rabhi, *Un arbre en ma mémoire*, Terre et Humanisme, 2014.

Mais il en va d'une œuvre comme d'un arbre :
plus les racines s'enfoncent dans la nuit dense
de la terre, plus grand est le morceau de ciel
que la ramure peut embrasser.

Michel Tournier, *Petites Proses*, Gallimard, 1986.

Le Liban, peuplé de cèdres vénérables

Les Arabes de toutes les sectes ont une vénération traditionnelle pour ces arbres ; ils leur attribuent non seulement une force végétative qui les fait vivre éternellement, mais encore une âme, qui leur fait donner des signes de sagesse, de prévisions, semblables à ceux de l'instinct chez les animaux, de l'intelligence chez les hommes.

« Ils connaissent d'avance les saisons, ils remuent leurs vastes rameaux comme des membres, ils étendent ou resserrent leurs coudes, ils élèvent vers le ciel ou inclinent vers la terre leurs branches, selon que la neige se prépare à tomber ou à fondre. Ce sont des êtres divins sous forme d'arbres… »

Alphonse de Lamartine, *Voyage en Orient*, 1855-1856.

Les arbres sont des sanctuaires. Qui sait leur parler, sait les écouter, découvre la vérité. Ils ne prêchent pas l'instruction et des solutions toutes faites, ils prêchent pour l'individu insouciant, la loi originelle de la vie.

Hermann Hesse, *L'Ornière*, traduit de l'allemand par Lily Jumel, Calmann Lévy, 1957.

Le plus grand arbre est né
d'une graine menue.

Lao-zi

Ainsi toute la philosophie est comme un arbre, dont les racines sont la Métaphysique, le tronc est la Physique, et les branches qui sortent de ce tronc sont toutes les autres sciences, qui se réduisent à trois principales, à savoir la médecine, la mécanique et la morale ; j'entends la plus haute et la plus parfaite morale, qui, présupposant une entière connaissance des autres sciences, est le dernier degré de la sagesse [...].

René Descartes, *Lettre-préface aux Principia philosophiae*, 1698.

Je ne sais pourquoi ce grand chêne, qui dresse ses ramures puissantes, cet être qui frémit de ses milliers de feuilles, m'impose tant de respect. Alors que je n'existais pas encore, lui était déjà en ce lieu témoin muet, enfermé dans son silence de sage comme un ermite inaccessible.

Pierre Rabhi, *La Puissance de la modération*, Hozhoni éditions, 2015.

À Chico Mendes
assassiné le 22 décembre 1988

Dans la jungle, un homme marche.
Juan Garcia est ingénieur.

La moiteur est là, vaine et envahissante. Mouches et moustiques, partout, chantent sa présence. Partout, la forêt verte court sur des taches d'ocre et d'humidité. Le ciel est crispé, oppressant, sans profondeur. Le ciel a un air coupable.
L'homme marche.
Une voix instinctive nouée à ses entrailles,
l'appelle.
L'homme marche aux frontières du jour.
Comme un oiseau de bois et de plumes lourdes, l'arbre scrute le souvenir…
Et l'homme se souvient.

Le mot est une abstraction qui se dissout dans la transparence brumeuse de l'aube.
L'homme a tout compris de cette étrange communication. Il sait, son destin est lié à celui de l'arbre.

Il est là, près de l'arbre qui connaît sa mort, il sait qu'il lui appartient.

Jean-Michel Sananès, *Le Jardin des Diagonales*, Éditions Chemins de Plume, 2016.

Un arbre est vivant plutôt comme un peuple que comme un individu, la foudre seule devrait être chargée de l'abattre.

Erri De Luca, *En haut à gauche*, traduit de l'italien par Danièle Valin, Gallimard, 2012.

Lorsque vous entrez dans une forêt peuplée d'arbres antiques, dont les plus hauts d'ordinaire empêchent la vue du ciel avec leurs branches épaisses entrelacées, les ombres majestueuses des troncs, le profond silence qui y règne, ne semblent-ils pas annoncer la présence d'un Dieu ?

Sénèque.

J'aime appuyer ma main sur le tronc d'un arbre devant lequel je passe, non pour m'assurer de l'existence de l'arbre – dont je ne doute pas – mais de la mienne.

Christian Bobin, *La Présence pure*, Le Temps qu'il fait, 1999.

Ô vous qui, dans la paix et la grâce fleuris,
Animez et les champs et vos forêts natales,
Enfants silencieux des races végétales,
Beaux arbres, de rosée et de soleil nourris,

La Volupté par qui toute race animée
Est conçue et se dresse à la clarté du jour,
La mère aux flancs divins de qui sortit l'Amour,
Exhale aussi sur vous son haleine embaumée.

Fils des fleurs, vous naissez comme nous du Désir,
Et le Désir, aux jours sacrés des fleurs écloses,
Sait rassembler votre âme éparse dans les choses,
Votre âme qui se cherche et ne se peut saisir.

Et, tout enveloppés dans la sourde matière
Au limon paternel retenus par les pieds,
Vers la vie aspirant, vous la multipliez,
Sans achever de naître en votre vie entière.

Anatole France, « Les Arbres », *Les Poèmes dorés*, 1873.

Pour André Villers

La pluie du rossignol transmet sa plainte aux pistes du petit matin.

Entre mes branches le vent qui lève, parcourt l'escalier des échos.

Le sang des montagnes remonte à travers mes veines jusqu'aux nuages.

Parfois les hommes viennent enregistrer leurs déclarations sur mes écorces.

De feuille en feuille la lumière du Soleil descend jusqu'à mes blessures.

Mes racines palpent les rocs avant de rencontrer les racines d'un frère.

Je sens le lait de la Lune couler le long de mes rainures.

Michel Butor, *Chantier*, Dominique Bedou, collection « Deleatur », 1985.

Dans un arbre, il y a un tronc, il n'y en a qu'un, mais regardez les racines : il n'y en a pas deux pareilles, et ce sont ces racines invisibles, dans l'ordure, le fumier, la boue, avec leur diversité, qui sont la source de la vitalité. Regardez les branches : il n'y en a pas deux pareilles ; elles procèdent d'un tronc unique avec leur diversité. Il faut que nous soyons capables de nous estimer les uns, les autres dans nos diversités.

Abbé Pierre, *Je voulais être marin, missionnaire ou brigand. Carnets intimes inédits*, Le Cherche Midi, 2002.

«Je vois partout dans la nature, par exemple dans les arbres, la capacité d'expression et, pour ainsi dire, une âme.»

Vincent Van Gogh, *Lettre à Théo*, 24 mars 1889.

Le temps s'est immobilisé
Au fond de son regard livide
Un souffle d'éternité
Lui a sculpté de douces rides

Sa barbe est une source d'or
Placenta d'essences et de sèves
Des oiseaux mauves y picorent
Les graines magiques du rêve

Ses mains forment un univers
Où sinuent de vertes rivières
Clairsemées de taches brunes

Bracelets de perles de lunes
Ses longs cheveux limpides pleuvent
Diluviens torrents de mémoire
Sa bouche éloquente s'abreuve
Dans son profond puits de savoir

Il parle aux elfes des forêts
Des phrases paisibles et tendres
Si riches d'humanité
Qu'aucun homme ne peut l'entendre.

Alain Wodrascka, *L'Arbre dans les nuages*, 2016.

Le Vieux Chêne

Il disait : « J'aurai bientôt cent ans
Je n'ai plus d'amour, plus de joies, plus de peines
Tout s'écoule et s'enfuit au fil des ans
J'ai oublié mes *je t'aime.* »
Il disait : « Je vais partir pour longtemps
Je n'ai maintenant plus de problèmes

Je défie les marques du temps
Je suis un vieux chêne. »
Et tout au fond de lui
Dans le clair de ses yeux
Dansaient des soleils, des voyages
Souvenirs de ses jours amoureux
De ses matins de partage ;
Il disait : « J'ai besoin d'un peu de pluie
Pour traverser mon cœur endormi
D'un orage essentiel à mon reste de vie
Un éclair sur le lit de mes nuits. »
Il disait : « J'aurai bientôt cent ans
Laissez-moi m'évader avec le vent
Me perdre en déraison, en riant
Dans les passerelles du temps. »
Il disait : « J'aurai bientôt cent ans
Je n'ai maintenant plus de problèmes
Je suis un vieux chêne
Je confie mes secrets à la nuit
Je respire ce qu'il me reste de vie
Et je sais que l'on m'envie. »

Claude Artès, *Quand le temps est à l'amour*, Éditions Cosmophonies, 2003.

Le Banian de Madras

À Madras, dans le parc de la Société théosophique, se dresse un banian : il est censé être le plus vieux du monde. Son immobilité n'est qu'apparente ; siècle après siècle il se déplace en se multipliant selon un cycle végétatif qui s'exerce de bas en haut comme de haut en bas : les racines, jaillissant vers la lumière, deviennent troncs, branches, et celles-ci, redescendant vers le sol pour y pénétrer, s'y font racines à leur tour, lesquelles engendreront d'autres troncs, d'autres branches aussi. Des fûts se dressent, s'entrecroisent et l'arbre, doucement, forge sa propre cage dont il est à la fois l'otage et le gardien ; mais jamais celle-ci ne pourra l'enfermer puisqu'il saura bientôt créer une autre cage.

Dans ce lacis végétal vit un peuple de serpents et d'oiseaux dont les petites morts suspendues entre terre et ciel sont les seuls repères possibles à notre perception d'infirmes voulant piéger la durée, face au temps ligneux du banian qui, dans le lent secret des sèves, s'engendre de lui-même pour agrandir sans fin, en une cathédrale baroque, l'espace de son mouvement.

Jean Orizet, *Les Forêts de l'impossible*, Melis éditions-Le Cherche Midi, 2011.

Maintenant Yersin est un arbre.
Être arbre c'est une vie, et
c'est ne pas bouger.
Il atteint à la belle et grande solitude.
À l'admirable ennui.

Patrick Deville, *Peste et Choléra*, Seuil, 2012.

Une famille d'arbres

C'est après avoir traversé une plaine brûlée de soleil que je les rencontre.

Ils ne demeurent pas au bord de la route, à cause du bruit. Ils habitent les champs incultes, sur une source connue des oiseaux seuls.

De loin, ils semblent impénétrables. Dès que j'approche, leurs troncs se desserrent. Ils m'accueillent avec prudence. Je peux me reposer, me rafraîchir, mais je devine qu'ils m'observent et se défient.

Ils vivent en famille, les plus âgés au milieu et les petits, ceux dont les premières feuilles viennent de naître, un peu partout, sans jamais s'écarter.

Ils mettent longtemps à mourir, et ils gardent les morts debout jusqu'à la chute en poussière.

Ils se flattent de leurs longues branches, pour s'assurer qu'ils sont tous là, comme les aveugles. Ils gesticulent de colère, si le vent s'essouffle à les déraciner. Mais entre eux aucune dispute. Ils ne murmurent que d'accord.

Jules Renard, *Histoires naturelles*, 1894.

L'arbre, par sa longévité, constitue un pont entre les règnes animal et minéral. Dans la mythologie celtique, il est aussi le trait d'union entre le ciel, la terre et ce qui est sous terre ; l'axe autour duquel s'ordonne l'Univers. Les Grecs, eux, disaient que les arbres étaient des alphabets. Pour moi, ils représentent la verticale aérienne de l'entretemps.

Jean Orizet, *Les Forêts de l'impossible*, Melis éditions-Le Cherche Midi, 2011.

Il est l'heureux amant

Il est l'heureux amant des forêts et des sources
Broutilles et chablis ne l'interrompent plus
Les terriers et les nids ce qui vit sous les
sources
S'intègrent à son corps des combes à la nue

Chaque arbre par son art devient un
personnage

Authentique qui pèse et qui forge ses lois
Selon sa propre espèce et selon le dosage
Du climat dévolu à la verve des bois

Philosylve il a mis meurtre et viol en déroute
Pourchasse des sommets aux racines le doute
Les feuilles ont pour lui des murmures
d'oiseau

Quand le printemps explose il adresse un
message
À chacun par la brise et les courants d'eaux
Et le jeune soleil s'enflamme à ce langage.

André Verdet, « L'arbre, axe de l'Univers », *Forêts*, Éditions Parler, 1963.

Je plante en ta faveur cet arbre de Cybèle,
Ce pin, où tes honneurs se liront tous les jours :
J'ai gravé sur le tronc nos noms et nos amours,
Qui croîtront à l'envi de l'écorce nouvelle.
Faunes qui habitez ma terre paternelle,

Qui menez sur le Loir vos danses et vos tours,
Favorisez la plante et lui donnez secours,
Que l'Été ne la brûle, et l'Hiver ne la gèle.

Pasteur, qui conduiras en ce lieu ton troupeau,
Flageolant une Églogue en ton tuyau d'aveine,
Attache tous les ans à cet arbre un tableau,

Qui témoigne aux passants mes amours et ma peine ;
Puis l'arrosant de lait et du sang d'un agneau,
Dis : « Ce pin est sacré, c'est la plante d'Hélène. »

Pierre de Ronsard, *Sonnets pour Hélène*, 1578.

Dans mes mythologies personnelles, je donne à chaque arbre un sens, sinon une mission : célébrer la naissance de l'un ou l'autre de mes enfants ; témoigner d'un engagement, d'une amitié, d'un amour, de la force ou de la pérennité d'une relation, etc. Un arbre peut symboliser une perte ; inscrire un rêve de vie ; valoriser un désir ; affirmer un choix ; offrir des fruits, des parfums, des couleurs ; apaiser la terre par son ombre, me relier à des énergies…

[…]

Car les arbres nous rappellent notre « humanitude », c'est-à-dire qu'ils nous renvoient à la fois à notre capacité à nous adapter, à résister, à croître, à évoluer, et en même temps à notre vulnérabilité, à la fragilité de nos ancrages et de nos certitudes.

Jacques Salomé, *Et si nous inventions notre vie ?*, Éditions du Relié, 2006.

Fuis, mon ami, réfugie-toi dans ta solitude ! Je te vois abasourdi par le vacarme des grands hommes et harcelé par les aiguillons des petits.

Les rochers et les bois sauront se taire, gravement, en ta compagnie.

Sois de nouveau semblable à cet arbre que tu aimes, avec sa large ramure, silencieux, aux écoutes, suspendu au-dessus de la mer.

Friedrich Nietzsche, *Ainsi parlait Zarathoustra,* 1891.

[...] des forêts silicifiées découvertes dans le désert de l'Arizona :

Devant de tels arbres, si semblables à eux-mêmes et pourtant investis d'une autre densité, l'esprit s'interroge : leur structure ne vit-elle pas cette ambiguïté que le temps porte en lui ? C'est que la nature de ces arbres est double ; ils sont à la fois les fruits de l'instant et de la durée : simple végétal mis en présence d'un visage de Méduse, et sauvegardé comme tel, mais aussi minéral d'une infinie richesse, réinventé par un goutte-à-goutte d'éternité.

Jean Orizet. *Le Voyageur de l'entretemps*, textes réunis par Luciano Melis, Melis éditions, 2003.

Avant d'entrer dans les bois,
La pluie frappe aux feuilles
Qui sont pour elle le seuil
D'une solitude sans poids.

Elle a parcouru tout l'espace
Pour venir sans hâte couler

Dans d'obscurs sentiers
Où rien ne doit marquer son passage.

Il suffit pourtant d'un rayon de soleil
Pour qu'éclate sa présence,
Pour qu'un instant la forêt pense
Aux vitres dont elle l'émerveille.

Un couchant doit surgir
De cet incendie d'eau
Où la terre s'éclaire de ce qu'elle a de plus
beau
Parce qu'elle aime les forêts à en mourir.

Lucien Becker, « Présence du soleil » (extrait), *Rien que l'Amour*, La Table ronde, 1997.

Pas moins que les statues divines
où brillent l'or et l'ivoire, nous adorons
les forêts sacrées, et, dans ces bois,
le silence.

Pline l'Ancien.

Celui qui entre par hasard dans la demeure d'un
poète
Ne sait pas que les meubles ont pouvoir sur lui
Que chaque nœud du bois renferme davantage
De cris d'oiseaux que tout le cœur de la forêt
Il suffit qu'une lampe pose son cou de femme
À la tombée du soir contre un angle verni
Pour délivrer soudain mille peuples d'abeilles
Et l'odeur de pain frais des cerisiers fleuris
Car tel est le bonheur de cette solitude
Qu'une caresse toute plate de la main
Redonne à ces grands meubles noirs et taciturnes
La légèreté d'un arbre dans le matin.

René Guy Cadou, « Celui qui entre par hasard », *Hélène ou le Règne végétal*, Seghers, 1981.

Le Chêne et le Roseau

Le Chêne un jour dit au Roseau :
« Vous avez bien sujet d'accuser la Nature ;
Un roitelet pour vous est un pesant fardeau ;

Le moindre vent qui d'aventure
Fait rider la face de l'eau,
Vous oblige à baisser la tête ;
Cependant que mon front au Caucase pareil,
Non content d'arrêter les rayons du soleil,
Brave l'effort de la tempête.
Tout vous est aquilon, tout me semble zéphyr.
Encor si vous naissiez à l'abri du feuillage
Dont je couvre le voisinage,
Vous n'auriez pas tant à souffrir ;
Je vous défendrois de l'orage :
Mais vous naissez le plus souvent
Sur les humides bords des royaumes du vent.
La Nature envers vous me semble bien injuste. »
« Votre compassion, lui répondit l'Arbuste,
Part d'un bon naturel ; mais quittez ce souci :
Les vents me sont moins qu'à vous redoutables ;
Je plie et ne romps pas. Vous avez jusqu'ici
Contre leurs coups épouvantables
Résisté sans courber le dos ;
Mais attendons la fin. » Comme il disoit ces mots,
Du bout de l'horizon accourt avec furie
Le plus terrible des enfants

Que le nord eût portés jusque-là dans ses flancs.
L'Arbre tient bon ; le Roseau plie.
Le vent redouble ses efforts,
Et fait si bien qu'il déracine
Celui de qui la tête au ciel étoit voisine,
Et dont les pieds touchoient à l'empire des morts.

Jean de La Fontaine, « Le Chêne et le Roseau », *Les Fables*, Livre premier.

Dans la forêt chauve et rouillée
Il ne reste plus au rameau
Qu'une pauvre feuille oubliée,
Rien qu'une feuille et qu'un oiseau.
Il ne reste plus dans mon âme
Qu'un seul amour pour y chanter,
Mais le vent d'automne qui brame
Ne permet pas de l'écouter.
L'oiseau s'en va, la feuille tombe,
L'amour s'éteint, car c'est l'hiver.
Petit oiseau, viens sur ma tombe
Chanter, quand l'arbre sera vert !

Théophile Gautier, *Poésies*, 1830.

Les arbres des forêts sont des femmes très belles
Dont l'invisible corps sous l'écorce est vivant.
La plus pure eau du ciel les abreuve, et le vent
En séchant leurs cheveux les couronne d'ombrelles.

Leur front n'est pas chargé de la tour des Cybèles:
L'ombre seule des fleurs sur leur regard mouvant
Retombe, et, le long de leurs bras se poursuivant,
Tournent les lierres verts qu'empourprent les rubelles.
Les arbres des forêts sont des femmes debout
Qui le jour portent l'aigle et la nuit le hibou,
Puis les regardent fuir sur la terre inconnue.

La rapide espérance et le rêve incertain
S'envolent tour à tour de leur épaule nue
Et la captive en pleurs s'enracine au destin.

Pierre Louÿs, «Les Arbres des forêts», *Œuvres complètes*, 1929-1930.

Il est encore dit
Dans le village d'où je viens
Que les arbres aussi versent des larmes
Lorsque perdure
L'absence des oiseaux
Sur leurs branches

Alain Mabanckou, *Les arbres aussi versent des larmes,* L'Harmattan, 1997.

Les arbres de montagne écrivent
dans l'air des histoires qui se lisent
quand on est allongé dessous.

Erri De Luca, *Le Poids du papillon*, traduit de l'italien par Danièle Valin, Gallimard, 2011.

À chaque aurore un arbre s'anime dans la brise
Semblant me saluer avec le petit jour
Et comme il ne peut pas chanter
Des oiseaux vocalisent son bonheur d'exister
Tout à l'heure j'irai m'asseoir entre ses branches
Cherchant près de son cœur de nouvelles racines

Jean-Marc Natel, « Présence », *in Poésie 1/Vagabondages,* n° 25, Le Cherche Midi, 2001.

Écoute l'arbre et la feuille
La nature est une voix
Qui parle à qui se recueille
Et qui chante dans les bois

Victor Hugo, *Océan*, 1897.

Aux arbres

Arbres de la forêt, vous connaissez mon âme !
Au gré des envieux, la foule loue et blâme ;
Vous me connaissez, vous ! – vous m'avez vu souvent,
Seul dans vos profondeurs, regardant et rêvant.
Vous le savez, la pierre où court un scarabée,
Une humble goutte d'eau de fleur en fleur tombée,
Un nuage, un oiseau, m'occupent tout un jour.
La contemplation m'emplit le cœur d'amour.
Vous m'avez vu cent fois, dans la vallée obscure,
Avec ces mots que dit l'esprit à la nature,
Questionner tout bas vos rameaux palpitants,

Et du même regard poursuivre en même temps,
Pensif, le front baissé, l'œil dans l'herbe profonde,
L'étude d'un atome et l'étude du monde.
Attentif à vos bruits qui parlent tous un peu,
Arbres, vous m'avez vu fuir l'homme et chercher Dieu !
Feuilles qui tressaillez à la pointe des branches,
Nids dont le vent au loin sème les plumes blanches,
Clairières, vallons verts, déserts sombres et doux,
Vous savez que je suis calme et pur comme vous.
Comme au ciel vos parfums, mon culte à Dieu s'élance,
Et je suis plein d'oubli comme vous de silence !
La haine sur mon nom répand en vain son fiel ;
Toujours, – je vous atteste, ô bois aimés du ciel ! –
J'ai chassé loin de moi toute pensée amère,
Et mon cœur est encor tel que le fit ma mère !

Arbres de ces grands bois qui frissonnez toujours,
Je vous aime, et vous, lierre au seuil des autres sourds,
Ravins où l'on entend filtrer les sources vives,

Buissons que les oiseaux pillent, joyeux convives!
Quand je suis parmi vous, arbres de ces grands bois,
Dans tout ce qui m'entoure et me cache à la fois,
Dans votre solitude où je rentre en moi-même,
Je sens quelqu'un de grand qui m'écoute et qui m'aime!
Aussi, taillis sacrés où Dieu même apparaît,
Arbres religieux, chênes, mousses, forêt,
Forêt! c'est dans votre ombre et dans votre mystère,
C'est sous votre branchage auguste et solitaire,
Que je veux abriter mon sépulcre ignoré,
Et que je veux dormir quand je m'endormirai.

Victor Hugo, *Contemplations*, A. Lebègue et Cie, 1856.

5

La couleur des saisons

Il y fait à peine plus froid l'hiver qu'il n'y fait chaud l'été. Mets-toi à l'écoute des troncs pour savoir si là-haut la bise s'annonce sur les cimes. Pose tes lèvres sur l'humus pour savoir la marche des pluies. Les quatre saisons n'y forment qu'un seul règne.

Vert, vert, vert, vert, symphonie de verts et tant de verts encore. Les langues de l'incendie mille fois se sont allumées, mille fois ont rampé, mille fois se sont éloignées, mille fois se sont éteintes.

Forêt des mille et un verts.

Et la Forêt s'immensifie à l'égal de la Nuit, et la Nuit devient la proie de la Forêt. Toi, – l'Explorateur solitaire –, entends-tu la Forêt en train de ruminer les invisibles myriades, l'entends-tu?

André Verdet, *Forêts*, Éditions Parler, 1963.

Tout travaille et s'efforce de renaître. Tout se prépare trop vite trompé par le soleil. L'année dernière la campagne avait commis cette imprudence. Une nuit de gel la tue. On voudrait dire à chaque arbuste « Prends garde », mais la sublime bêtise des sèves ne nous écouterait pas. Un mécanisme aveugle et sourd les dirige. Peu leur importe nos pauvres disputes sur le diable et le bon Dieu. Elles obéissent à un désordre très simple qui nous semble très compliqué. Elles relèvent d'un secret autour duquel les hommes tournent en rond de Héraclite à Einstein et qui, s'ils le découvraient, les ferait s'écrier « ce n'était donc que cela? ».

Jean Cocteau, *Le Passé défini. Journal*, Gallimard, 1983.

Incipit

Une haute forêt de sapins, sombre et oppressante, disputait son lit au fleuve gelé. Dépouillés de leur linceul de neige par une récente tempête, les arbres se pressaient les uns contre les autres, noirs et menaçants dans la lumière blafarde du crépuscule. Le paysage morne, infiniment désolé, qui s'étendait jusqu'à l'horizon était au-delà de la tristesse humaine. Mais du fond de son effrayante solitude montait un grand rire silencieux, plus terrifiant que le désespoir – le rire tragique du Sphinx, le rictus glacial de l'hiver, la joie mauvaise, féroce d'une puissance sans limites. Là, l'éternité, dans son immense et insaisissable sagesse, se moquait de la vie et de ses vains efforts. Là s'étendait le Wild, le Wild sauvage, gelé jusqu'aux entrailles, des terres du Grand Nord.

Jack London, *Croc-Blanc*, 1923.

Splendeurs d'automne, Lavannes, 1950

Septembre est éclatant : vert, jaune, roux et or !
Les vergers, cette année, étalent des merveilles
Les arbres sont courbés sous des charges pareilles
De fruits dont chaque grappe est pour l'œil un trésor.

Que d'opulents joyaux nous offre Fructidor !
Poires couleur de miel, pommes toutes vermeilles,

Raisins aux tons dorés mi-cachés dans les
treilles
Avec leurs verts festons de feuilles pour décor.

Et ces pêches : bijoux de velours rose tendre
Délicats au toucher et qu'on hésite à prendre,
Ces prunes dont la noire a des tons violets…

Enfin, dans les ronciers aux piquantes
verdures, –
Grains de jais ombragés de leurs soyeux
duvets –,
Sous le vol des bourdons, ces innombrables
mûres !

Jean d'Arvor, *in* Patrick Poivre d'Arvor, *L'Appel ardent de Jean d'Arvor*, Melis éditions, 2011.

Après l'automne et l'hiver, avec la débâcle, tout se mélangeait. La terre, la glace et l'eau brunie du limon dans le cours impétueux des ruisseaux. Leur brutale jonction dans le lit majeur de la rivière déclenchant un charroi de folie. Les os, les feuilles, les fagots et les baies : tout se dissolvait, retournait à la terre. Les aulnes, les cèdres, chênes, sapins et hêtres s'interposaient dans ce cycle et s'en nourrissaient. Parfois, on retrouvait des cors de cerf semblables à des lustres, hissés par des mains malignes à la cime et les feuilles de ces arbres repoussaient comme une bénédiction. D'abord ce fut l'orage et la pluie dont surgit un arc-en-ciel, immense jet d'eau de couleur qui traversa l'espace juché sur ses échasses, avant de trébucher dans un massif de frênes et de sorbiers, pour finir par se cambrer au-dessus du départ des chutes. Ensuite le moulin du mistral, raflant sans répit, tourna jour et nuit, pressant son air à froid pire que de l'huile. Les légers akènes des bouleaux, encore emmaillotés dans leur gilet de sauvetage, flottaient sur l'eau. Les chatons mâles des charmes s'envolaient, tourbillonnant, vrillant, vibrants aéroplanes, pour au final atterrir, enroulés si parfaitement que le soleil et la lumière avec eux jonchaient le sol comme dans une chambre à coucher printanière aux fenêtres ouvertes.

André Bucher, *La Vallée seule*, Le Mot et le Reste, 2013.

À l'automne, les feuilles des arbres prennent de riches teintes d'or, de pourpre et de violet ; – le soleil pare les nuages de couleurs plus splendides ; – les forêts exhalent une odeur enivrante ; – et les feuilles qui tombent, et commencent à joncher les sentiers, avertissent que tout va disparaître, que tout va mourir, et invitent à contempler, avec plus d'attention et de recueillement, ces splendeurs qui vont s'effacer. Alors tous les sentiments prennent une teinte de douce mélancolie, l'amour s'empare du cœur avec une puissance jusque-là inconnue.

Alphonse Karr, *Geneviève*, 1839.

La neige prêtait à cette forêt basse et rustaude de l'Ardenne un charme que n'ont pas même les futaies de haute montagne, ni les sapinières des Vosges sous leurs chandelles de glace. Sur les ramilles courtes et roides de ses taillis, où le vent n'avait pas de prise, les chenilles blanches s'accrochaient pendant des semaines sans s'écrouler, soudées à l'écorce par de minces berlingots de glace qui étaient les gouttes du dégel reprises toutes vives par le froid des nuits longues : des jours entiers, dans l'air décanté par le gel, le Toit s'encapuchonnait des housses, des paquets légers et lourds, des fils de la Vierge et des longs filigranes blancs d'un matin de givre. Un ciel d'un bleu violent éclatait sur le paysage de fête. L'air était acide et presque tiède ; à midi, quand on marchait sur la laie, on entendait de chaque layon, dans les tombées de soleil qui faisaient étinceler la neige, monter le gras bruit d'entrailles du dégel, mais dès que l'horizon de la Meuse rosissait avec la soirée courte, le froid posait de nouveau sur le Toit un suspens magique : la forêt scellée devenait un piège de silence, un jardin d'hiver que ses grilles fermées rendent aux allées et venues des fantômes.

Julien Gracq, *Un balcon en forêt*, José Corti, 1958.

L'arbre proclame l'ouvrage des saisons. Une fête gourmande ordonne les couleurs aux interstices des branches. Pas de passion tapageuse mais une sensuelle rougeur fruitée dans les toisons vertes. Un appétit joyeux appelle les oiseaux. Les fruits chassent les goûts austères. Le soleil astique ses cuivres. La terre grasse attise les germes. Au ruisseau, tout un monde s'agite. Partout la vie flamboie, joute, caracole. La carriole du plaisir est de passage. L'arbre est abondance.

Ile Eniger, *Le Chemin encore. Textes poétiques*, Éditions Chemins de Plume, 2015.

Vladimir se sentait de nouveau réaccordé, en connivence, fiancé à ces montagnes. La végétation lui était familière, identique à celle rencontrée en Croatie ou même en Slovénie. Sinon, il bûcheronnait dès l'automne et parfois, contre son gré, tard dans le printemps alors que la sève montait, que les arbres étaient pourvus de leurs feuilles, aussi il ne s'interromprait qu'une fois survenues les grosses chaleurs.

André Bucher, *Fée d'hiver*, Le Mot et le Reste, 2012.

J'esquisse la forme des flammes qui me transformeront en douceur et en cendres.
Un pivert à la boutonnière, un semis d'araignées
En sautoir et un lézard en signature.
Toutes les branches pointant vers les branches
De l'horizon, toutes les brindilles palpant les clameurs des passages.
Les fourmis répartissent leurs caravanes le long de mes ravines et les écureuils amassent leurs trésors dans mes aisselles.
De craquement en craquement je tisse mes virages, de grincement en grincement j'escalade mes tours.
L'une après l'autre les pièces de ma cuirasse vont enrichir les mousses de mes tapis.
Débordant de pollen je médite mes cônes en
Auscultant les brises.

Michel Butor, « Bourgeons », *Chantier*, Dominique Bedou, collection « Deleatur », 1985.

Aucun bruit dans la forêt que le frémissement léger de la neige tombant sur les arbres. Elle tombait depuis midi, une petite neige fine qui poudrait les branches d'une mousse glacée, qui jetait sur les feuilles mortes des fourrés un léger toit d'argent, étendait par les chemins un immense tapis moelleux et blanc, et qui épaississait le silence illimité de cet océan d'arbres.

Guy de Maupassant, « Toine », in *Les Prisonniers*, 1886.

Incipit

J'aime l'automne, cette triste saison va bien aux souvenirs. Quand les arbres n'ont plus de feuilles, quand le ciel conserve encore au crépuscule la teinte rousse qui dore l'herbe fanée, il est doux de regarder s'éteindre tout ce qui naguère brûlait encore en vous.

Gustave Flaubert, *Novembre*, 1842.

L'été, le pâtre y conduisait ses troupeaux. Mais c'est l'hiver surtout que ces solitudes boisées s'animaient d'une foule de gens : bûcherons, charbonniers, chasseurs, charroyeurs, sabotiers, arracheurs d'écorce, fendeurs de paisseaux, « cendriers » et verriers, forgerons et mineurs, fabricants de « bardeaux », carriers, scieurs, commis de coupe…, et cela, sans compter la foule des rôdeurs, des faux sauniers et des vagabonds. Beaucoup de ces rudes métiers se prêtaient assistance ; et la forêt développait ainsi, en elle, aux confins de la vie villageoise, de salutaires associations ou d'équivoques ententes. C'est dans son sein antique, empli des rappels et des souvenirs de la vie indocile, que venaient se réfugier la secrète rumeur et l'activité, échappées des contraintes sociales.

L'homme du Moyen Âge a aimé la forêt autant qu'il a vécu de ses champs.

Gaston Roupnel, *Histoire de la campagne française*, 1932.

Saison après saison, gorgée après soupir, baisers après l'orage, rosée après la nuit.
Soudain je suis tout bourdonnant d'abeilles et les rayons du soir dégoulinent de miel.
Le lièvre est déjà passé depuis longtemps,
le sanglier s'attarde, on attend le chevreuil.
Navire à l'ancre de l'hiver toutes voiles pliées sur les vergues d'ombre.
À chacune de mes aiguilles la brume suspend un œil de fumée.
Mes larmes de résine ont salué vos poursuites amoureuses.
Tout près d'ici la source, un peu plus loin la grotte et la clairière.

Michel Butor, «Orées», *Chantier*, Dominique Bedou, collection «Deleatur», 1985.

Je croise des arbres, ils sont nus, c'est l'hiver. Pas un souffle. Pas un bruit. Les heures dorment chez les voisins…

Je sais des vendangeurs dans l'arrière-saison, la terre qui blanchit. Ce renard affamé sur la tranche du jour. Les arbres, bras levés, sont la prière de l'hiver qui approche.

Ile Eniger, *Terres de vendanges, Textes poétiques*, Éditions Chemins de Plume, 2008.

Le sous-bois s'éveille
Les couleurs se souviennent
Ce qui reste de neige est une douleur oubliée
La terre-mère ne veut retenir
que le pur sourire de la naissance
Le sous-bois s'éveille
Les couleurs se souviennent
Ce qu'apporte la brume est un surcroît de délice
Le vieux chêne est tout étonné de tant de rires
sous sa barbe !

François Cheng, *Saisons à vie*, Encre marine, 1993.

« Tu sais, ajouta-t-il à voix basse en se rapprochant de la comtesse, et fixant sur elle ses yeux d'où jaillissaient des flammes, tu sais ce jeune marronnier que ma mère, l'hiver de ma naissance, planta elle-même au bord de la grande fontaine dans notre forêt, à deux lieues d'ici : avant de rien faire, j'ai voulu l'aller visiter. Le printemps n'est pas trop avancé, me disais-je : eh bien ! si mon arbre a des feuilles, ce sera un signe pour moi. Moi aussi je dois sortir de l'état de torpeur où je languis dans ce triste et froid château. Ne trouves-tu pas que ces vieux murs noircis, symboles maintenant et autrefois moyens du despotisme, sont une véritable image du triste hiver ? ils sont pour moi ce que l'hiver est pour mon arbre.

« Le croirais-tu, Gina ? hier soir à sept heures et demie j'arrivais à mon marronnier ; il avait des feuilles, de jolies petites feuilles déjà assez grandes ! Je les baisai sans leur faire de mal. J'ai bêché la terre avec respect à l'entour de l'arbre chéri. »

Stendhal, *La Chartreuse de Parme*, 1839.

J'aime le châtaignier l'hiver
Lorsqu'il hurle sa colère
De sa grande bouche noire
Et qu'il brandit ses branches
Comme des épées
Pour percer les nuages de neige.
Seul il accepte les corbeaux
Et comprend leur langage
Il va sur les terres humides
Ruminer des légendes
Lorsqu'il se met à siffler
Avec le vent glacial
Je lui parle
Et lui rappelle ses fruits grillés au feu.

Michel Cosem, « Le Châtaignier », *Arbres de grand vent*, Le Rocher, collection « Lo Païs d'enfance », 2004.

De l'amandier tige fleurie,
Symbole, hélas ! de la beauté,
Comme toi, la fleur de la vie
Fleurit et tombe avant l'été.
[...]

Un jour tombe, un autre se lève ;
Le printemps va s'évanouir ;
Chaque fleur que le vent enlève
Nous dit : « Hâtez-vous de jouir ! »

Alphonse de Lamartine, « La Branche d'amandier » (extrait), *Nouvelles Méditations poétiques*, 1823.

Oh ! la terrible nuit pour les petits oiseaux !
Un vent glacé frissonne et court par les allées ;
Eux, n'ayant plus l'asile ombragé des
berceaux,
Ne peuvent pas dormir sur leurs pattes gelées.

Dans les grands arbres nus que couvre le
verglas
Ils sont là, tout tremblants, sans rien qui les
protège ;
De leur œil inquiet ils regardent la neige,
Attendant jusqu'au jour la nuit qui ne vient
pas.

Guy de Maupassant, « Nuit de neige », in *Des vers*, 1880.

Chant triomphal de l'arbre

Arbre couleur d'oiseau, je n'ai plus peur des
plaines
Je pourrai m'envoler par-delà le ciel noir
Mon printemps, ton printemps dansent à perdre
haleine
L'enfant, le liseron grimperont jusqu'au soir
Grimperont jusqu'à Dieu plus haut que la
montagne
Arbre couleur d'oiseau je resterai quand même
Porteur de chevelure, arbre parmi les arbres.

Arbre couleur de l'eau, je coule d'un poème
Dans tous les corps d'ici, dans les cœurs et les
ailes.
Hommes, je vous habite un instant, puis je pars
Je reviens à mon cri. La fleur souffle une abeille
Pour lui donner le vol, le vrai suc du voyage
Mes chants et mes parfums jaillissent de mes
branches

Et pour toucher le ciel, j'agite mon feuillage
Comme un grand pavillon habité de mésanges.

Plus vif au jour, plus pur qu'une source dans l'île
Ce peu de chair est là pour me garder du ciel
Autour de moi, la mer ; une aube en ma poitrine
Mon corps est la couronne étrange du soleil
Je cerne une douceur, un grand lac s'émerveille
D'éveiller tant de brume et de nimber mes cimes
Je demeure un atoll en ce monde immobile.

Arbre couleur d'oiseau, de cet oiseau qui brûle
Et renaît chaque fois que le grand feu s'éteint
Arbre, j'attends que vibre aussi la libellule
Je n'ai que mille bras pour serrer mes essaims
Et leurs grappes sont là pour me donner la vie
Pour me nourrir aussi d'un nouveau cœur vivant
Je ne puis les serrer que si tout le ciel prie
Je ne puis les vêtir, mon corps se dénudant.

Arbre couleur d'oiseau, j'ai des jambes sous terre
Je rampe vers l'enfer et vole au paradis
Au milieu de mon corps l'horizon se soulève

Les astres tournoyants sombrent quand je le dis
Arbre couleur d'oiseau, pourtant, j'attends des larmes
Quand le printemps s'achève, avec des gestes graves
Tourné vers le soleil, je pleure comme un fruit.

Robert Sabatier, « Chant triomphal de l'arbre », in *Les Fêtes solaires*, Albin Michel, 1955.

I

L'été
À ses pieds
Le cri des insectes
Invente au-dehors un buisson qui l'enserre
D'un vertige de chant tenu, épanoui.

II

L'hiver
Sous un ciel clair,
Ses branches
En plombs de vitrail,

L'arbre est notre prédécesseur
Dans la déjà très vieille cathédrale de la terre.

III

Au printemps, les chatons rouges du peuplier
Dans le ciel chichement ouvert
Aux yeux d'un blessé
Lui disent que le sang
Peut affleurer aussi à la vie montante.

L'arbre est seul
À se pencher vers lui
De toutes ses branches.

IV

Automne.
Nous savourons le goût
Mi-rouille mi-sang
De l'écorce
Caressée de nos doigts mortels.

Devenus cendre, à ses pieds nous occuperons
Un très minime espace où se déploie
Un univers de champignons, bactéries,
plantules
Sans mots, sans alphabet non plus.

Le monde enfin. Son énergie.

Marie-Claire Bancquart, « Saisons », *in Avec la mort, quartier d'orange entre les dents,* Obsidiane, 2005.

6

L'arbre des poètes

L'olivier plus fort que le vent
Est poignardé par la lumière
Son ombre est l'envers du soleil
Il ruisselle il méconnaît l'ombre

L'olivier rappelle à tout dieu
Que la paix passe leur puissance
L'olivier méconnaît l'infortune
Des héros morts dans l'épopée

Sa sagesse est sa seule gloire.

André Verdet, *in* Françoise Armengaud, *Hautes Terres solaires. Les Provences de Verdet*, Melis éditions, 2001.

Les branches des arbres haut perchés sous lesquels on glisse, les branches du pin ami des rochers qui se penchent anguleuses au-dessus de l'eau dans les lavis chinois, accentuent le sentiment d'ivresse calme, et peuvent d'un moment à l'autre faire succéder au caprice d'un ruban d'eau cerné de précipices l'intimité protégée, la fuite attirante des voûtes d'arbres qui couvrent en berceau un canal courant droit jusqu'à l'horizon. On s'abandonne les yeux fermés à l'eau qui, inépuisablement, ouvre les chemins [...].

Julien Gracq, *Les Eaux étroites*, José Corti, 1976.

Le poète aime toujours pour la première fois, retrouve le miracle de voir l'arbre pour la première fois. Il confond émerveillé sa vie d'homme et cette vie d'arbre, et se perd dans l'espace. Rien n'est plus clair et translucide et il faut tout connaître tout de suite.

Henri Michaux, *Ecuador. Journal de voyage*, Gallimard, 1929.

La Mésange et le Pêcher

Légère comme un ange
Dans le matin doré,
La petite mésange
Caresse le pêcher.

L'arbre se sent troublé
D'entendre battre un cœur
Avec tant de candeur
Dans ses branches croisées.

Il en devient tout rose
Et, bien avant les roses,
Il éclate soudain,

Comme un grand feu d'abeilles,
De fleurs et de soleil,
Au milieu du jardin.

Maurice Carême, *La Cage aux grillons,* 1959.

Castel Gandolfo ! La Paix pontificale

Le soir est doux, l'air pur et l'espace tranquille
Assis au pied d'un arbre, à l'ombre des rameaux,
Un chevrier en paix souffle dans ses pipeaux
Des sons de pastorale à la fraîcheur d'idylle.

Près d'un saule noueux et d'un bouleau fragile
Un orme au front feuillu mêle ses troncs jumeaux,
Deux chèvres parmi l'herbe verte aux fleurs
d'émaux
Évoquent du passé, Théocrite et Virgile.

Jean d'Arvor, *in* Patrick Poivre d'Arvor, *L'Appel ardent de Jean d'Arvor*, Melis éditions, 2011.

Les arbres s'en allaient le long de la rivière
Vers on ne sait quel port où ils retrouveraient
Les sapins devenus de hauts mâts de lumière
Le long d'une forêt tassée le long des quais.

Ils s'en allaient ainsi avec les grands nuages,
La tête dans le ciel et les pieds dans les joncs,
En portant, comme l'eau emporte ses poissons,
Leurs oiseaux dans le lourd bocal de leur
feuillage.

Maurice Carême, «Les Arbres», *Brabant,* 1967.
Fondation Maurice Carême.

La Feuille

— De ta tige détachée,
Pauvre feuille desséchée,
Où vas-tu? — Je n'en sais rien.
L'orage a frappé le chêne
Qui seul était mon soutien.
De son inconstante haleine,
Le zéphyr ou l'aquilon
Depuis ce jour me promène
De la forêt à la plaine,
De la montagne au vallon.
Je vais où le vent me mène.

Sans me plaindre ou m'effrayer,
Je vais où va toute chose,
Où va la feuille de rose
Et la feuille de laurier.

Antoine-Vincent Arnault, « La Feuille », in *Fables,* Livre V, 1812.

L'Arbre mage

C'était peut-être un autre espace
Quand les grands bois couvraient la terre
C'était peut-être un autre temps
Une autre dynastie
Avant la grande anabase
Et la mort progressive
Des mondes musiciens

Je voudrais franchir la mémoire
Me dissoudre dans l'humus
Traverser
Et revenir à l'endroit
Où je t'ai rencontré

Ô mon semblable des énormes forêts
Te retrouver au pied même de l'Arbre
L'Arbre un peu mage un peu sorcier
Et qui savait si bien
Nous parler nous entendre
En témoin attentif
Du fond stellaire des choses

Traverser de nouveau
Revenir
Être nous-mêmes.

André Verdet, *Forêts*, Éditions Parler, 1963.

Au-delà des chemins du vent
Dans un battement d'ailes
L'oiseau dessine
Sur le visage de l'arbre
Les mots du poète
Murmures du silence
Où se nichent les cris de l'été
Sources d'amour sur la plus haute branche

En feuilles de paix pour l'éternité.
Je cueillerai les secrets du vent
Sur les plis de ta bouche
Je retrouverai les chemins d'enfant
Où la fraîcheur se couche
Sur le parfum de tes nuits
Je serai l'arbre vivant de tes fruits.

Claude Artès, *Confidences avec la nuit*, Éditions Chemins de Plume, 2009.

Apprends-moi
Les richesses du ciel
Comme ces fruits
Suspendus à ton corps,

Éclos des pluies
Et du soleil,
Échos de noces invisibles
Entre l'azur
Et l'obscur de la terre…

Bernard Perroy, « Arbre », *Une gorgée d'azur*, Al Manar, 2010.

L'arbre est un paysage
Dont les branches se dressent
Comme une grande voile
Sur la chevelure infinie
Des nuages et du vent…

Parfois le ciel se couche
Sur le sein d'une colline
Et le chemin solitaire
S'approche timidement
Sans jamais tendre la main
Vers ce visage invisible
Où la lumière naît de l'abîme…

L'homme ressemble à cet arbre
Dont le rêve se dresse
Comme un paysage
Sur la chevelure infinie
Des nuages et du vent…

Victor Varjac, *Le Chemin des rêves*, Éditions Chemins de Plume, 2009.

Conseil

Eh bien! mêle ta vie à la verte forêt!
Escalade la roche aux nobles altitudes.
Respire, et libre enfin des vieilles servitudes,
Fuis les regrets amers que ton cœur savourait.

Dès l'heure éblouissante où le matin paraît,
Marche au hasard; gravis les sentiers les plus rudes.
Va devant toi, baisé par l'air des solitudes,
Comme une biche en pleurs qu'on effaroucherait.
Cueille la fleur agreste au bord du précipice.
Regarde l'antre affreux que le lierre tapisse
Et le vol des oiseaux dans les chênes touffus.

Marche et prête l'oreille en tes sauvages courses;
Car tout le bois frémit, plein de rythmes confus,
Et la Muse aux beaux yeux chante dans l'eau des sources.

Théodore de Banville, «Conseil», *Les Cariatides*, 1842.

L'Arbre citadelle

Farouche et hautain cyprès qui domine la mort
De toute ton ombre si propice aux oiseaux traqués
Le soleil autour de toi tourne mais bien seul tu demeures
Réfractaire à la lumière au vent aux mobiles du ciel
Citadelle de vigilance dont la tour est cloîtrée
Vers qui tant de vivants se seront retournés
Avec dans la mémoire ce désir millénaire
Qu'il nous faudra bien un jour ouvrir à la lumière
De blanches terrasses infinies et calmes comme
Des tombes dénudées au bord de mers sans voiles.

André Verdet, *in* Françoise Armengaud, *Hautes Terres solaires. Les Provences de Verdet*, Melis éditions, 2001.

Il s'habille au printemps
Sans cacher cet orgueil
D'avoir enduré nu les froids
Quand la lumière quitte toute chose
On dirait qu'il apprend à voler
Tout en gardant la pose

Et dans le contre-jour il mime sa fumée

Daniel Boulanger, «Retouche à l'arbre», *À dire vrai*, Grasset, 2003.

Les arbres ont respiré la poussière tout leur soûl,
Ils élèvent leur bruissement au point du jour.
Voler? Mais il faudrait des ailes
Et les arbres n'en ont pas.

Seul un manteau poussiéreux, vert,
Au bras de chaque saule,
Tandis que par une route brûlante
Ils approchent de la rivière.

Et, tombant à genoux,
Boivent avidement l'eau,

Avidement cherchent l'ombre,
Son refuge d'un instant.

Feuilles tordues, fragiles,
Elles hochent la tête
Et s'arrêtent à l'orée,
À la ligne de l'eau…

Varlam Chalamov, « Saules », *Cahiers de la Kolyma et autres poèmes,* traduit du russe par Christian Mouze, Maurice Nadeau, 1991.

Nous n'irons plus au bois

Nous n'irons plus au bois
Nous n'irons plus au bois, les lauriers sont coupés.
Les Amours des bassins, les Naïades en groupe
Voient reluire au soleil en cristaux découpés
Les flots silencieux qui coulaient de leur coupe.
Les lauriers sont coupés, et le cerf aux abois
Tressaille au son du cor ; nous n'irons plus au bois,

Où des enfants joueurs riait la folle troupe
Parmi les lys d'argent aux pleurs du ciel trempés ;
Voici l'herbe qu'on fauche et les lauriers qu'on
coupe.
Nous n'irons plus au bois, les lauriers sont coupés.

Théodore de Banville, *Les Stalactites*, 1839.

Mon tilleul qui chante l'été
Avec les abeilles et les hannetons
Avec ton large sourire sur le ciel bleu
Et ta folie de grand vent
Lorsque tu sèmes
Dans le pré
Tes graines voyageuses et impertinentes
Tu es comme un frère
Tu es toujours là où je t'attends
Avec tendresse et confiance
Avec connivence.

Michel Cosem, « Mon tilleul », *Arbres de grand vent*,
Le Rocher, collection « Lo Païs d'enfance », 2004.

Frêne hautain, forestier et champêtre
L'arbre premier de tant d'arbres divers,
L'arbre immortel au renom de mes vers,
L'arbre aux serpents toujours odieux maître;

Le coudre rompt, mais tu te fais connaître
Propre à la guerre et jamais de travers
De toi tortu les monts ne sont couverts,

Ains haut et droit toujours as voulu naître;
Je fais mes dards, pour tous mes arcs, de toi,
Les forestiers en font de même moi,
Et Panarèthe en fait les siens encore:

Phébus aussi en patronne ses traits,
Sa chaste sœur son carquois en décore,
Ainsi au bois as tous noms satisfaits.

Jean Vauquelin de La Fresnaye (1536-1607).

L’Arbre et l’Enfant…

Toi,
L’arbre,
Serais-tu cet enfant
Qu’on aperçoit
En filigrane ?
Ô va,
Vole,
Brille sur fond de nuit !
Qu’importe les blessures,
Les entailles,
Quand tout se colore
À qui ouvre ses bras à la vie !
L’arbre ou l’enfant,
Qui sait ?
Tout raconte la même histoire,
Et que se dresse l’arbre,
Ou l’enfant,
Pour humer l’air
Et tous ses éléments !

Bernard Perroy, *Miroir pour l’arbre*, 2012.

Il était une feuille

Il était une feuille avec ses lignes
Ligne de vie
Ligne de chance
Ligne de cœur.
Il était un arbre au bout de la branche.
Un arbre digne de vie
Digne de chance
Digne de cœur.
Cœur gravé, percé, transpercé,
Un arbre que nul jamais ne vit.
Il était des racines au bout de l'arbre.
Racines vignes de vie
Vignes de chance
Vignes de cœur.
Au bout des racines il était la terre.
La terre tout court
La terre toute ronde
La terre toute seule au travers du ciel
La terre.

Robert Desnos, *Fortunes*, Gallimard, 1942.

Il y a
Dans l'ombre du bois d'Horte
Entre La Rochefoucauld et Angoulême
Des cris d'oiseaux et de printemps
Des herbes folles et des fleurs vivaces
Des matins semés en terre humide
Des traces entre les buissons
Nul ne sait où va aller tant d'abondance

[...]

La forêt toute fraîche enduit les rayons de sève
Et révèle une à une ses feuilles androgynes
Le chêne comme un fou regarde la beauté
Nue du chevreuil
Le soleil est parti brusquement laissant
Bouvreuils et rossignols
À leur labour du ciel

Michel Cosem, « Forêt d'Horte, Charente » (extrait),
La Poésie, ce roman, Lanore, 2002.

Les Peupliers

Les grands peupliers longent le ruisseau
Et vont, d'un air grave,
Reverdis à neuf par le renouveau
Qui fait l'air suave.

Un par un, faisant un tremblant rideau
Au torrent qui bave,
Les grands peupliers longent le ruisseau,
Et vont, d'un air grave.

Fiers de tout ce qui se passe là-haut,
Et qu'eux seuls ils savent,
Hochant sur le ciel leur léger plumeau,
Avec des airs graves,

Les grands peupliers longent le ruisseau.

Rosemonde Gérard, *Les Pipeaux*, 1889.

À l'instant…

Parmi les arbres
Et sur les eaux,
La paix se donne
Et les mots s'envolent…
Il ne reste plus rien
Que l'instant
D'un regard
Dans le cœur
De l'enfant
Que je suis,
Pour aller de mémoire
Plus avant vers la vie,
Vers la source de mon avenir…

Bernard Perroy, *Miroir pour l'arbre*, 2012.

[...]

Ô vieux pins embaumés qui chantez à la brise,
Debout, sur les coteaux, comme de fiers
géants,
J'aime la nudité de votre écorce grise!

[...]

Vous chanterez encore avec les océans,
Avec l'homme immortel qu'un souffle
pulvérise,
Ô vieux pins embaumés qui chantez à la brise,
Debout, sur les coteaux, comme de fiers
géants!

Léon-Pamphile Le May, *Mes vieux pins*.

À Maurice Fombeure

Sur cette rive, un peuplier
Qui prend un homme en son aubier,
Qui le dispense en son feuillage ;
Et l'homme parle en un langage
Qui se soumet au moindre vent,
Et il arrête le nuage :
Il lui demande en frissonnant
Un grain de pluie à tout hasard.
Le nuage passe ; il est tard ;
Il faut qu'il aille un peu plus loin
Mettre une averse sur les foins.
Et tout le jour le peuplier
Mène sa vie obscurément.
D'un cercle à l'autre il a vingt ans.
Peut-être va-t-on l'oublier?

Pierre Menanteau, « Le Peuplier » (extrait), *Œuvre poétique,* tome II, Soc et Foc, 1999.

Ce figuier était plus de deux fois centenaire ;
Sous sa voûte on errait comme en un cloître on erre,
Et cet arbre était fier d'ombrager un arpent.

C'était toujours la nuit sous ses rameaux en arches.
Aussi les amoureux s'y donnaient rendez-vous ;
Car les enfants toujours plaisent aux patriarches,
Et les vieux sages sont amis des jeunes fous.

[…]

Or il roula si bien ses anneaux de couleuvre,
Or il couvrit la plaine entière d'un tel poids,
Que le Seigneur le vit, s'admira dans son œuvre,
Et dit à l'arbre vert qui paraissait un bois :

« Arbre, je veux pour toi faire une chose encore,
Car tu mis à profit et ton temps et ton suc ;
De quel honneur nouveau veux-tu qu'on te décore,
Ô toi qui sus vieillir sans devenir caduc ?

Veux-tu plus de rameaux, ou veux-tu plus de feuilles ?

Veux-tu que plus d'oiseaux t'emplissent de leur
bruit?
Je voudrai ce que tu voudras, quoi que tu
veuilles... »
– Et l'arbre murmura : « Produire encore un fruit ! »

Robert de Montesquiou-Fezensac, « Le Figuier », *Poésies*, *Revue des deux mondes*, tome 121, 1894.

On n'est pas sérieux, quand on a dix-sept ans.
– Un beau soir, foin des bocks et de la limonade,
Des cafés tapageurs aux lustres éclatants !
– On va sous les tilleuls verts de la promenade.

Les tilleuls sentent bon dans les bons soirs de juin !
L'air est parfois si doux, qu'on ferme la paupière ;
Le vent chargé de bruits – la ville n'est pas loin –
A des parfums de vigne et des parfums de bière...

Arthur Rimbaud, « Roman » (extrait), *Poésies*, 1870.

Bel aubépin, fleurissant,
Verdissant
Le long de ce beau rivage,
Tu es vêtu jusqu'au bas
Des longs bras
D'une lambruche sauvage.

Deux camps drillant de fourmis
Se sont mis
En garnison sous ta souche.
Dans les pertuis de ton tronc
Tout du long
Les avettes ont leur couche.

Le chantre rossignolet
Nouvelet,
Courtisant sa bien-aimée,
Pour ses amours alléger
Vient loger
Tous les ans en ta ramée.

Sur ta cime il fait son nid
Tout uni
De mousse et de fine soie,
Où ses petits écloront,
Qui seront
De mes mains la douce proie.

Or vis gentil aubépin,
Vis sans fin,
Vis sans que jamais tonnerre,
Ou la cognée, ou les vents,
Ou les temps
Te puissent ruer par terre.

Bel aubépin, fleurissant,
Verdissant
Le long de ce beau rivage,
Tu es vêtu jusqu'au bas
Des longs bras
D'une lambruche sauvage.

Deux camps de rouges fourmis
Se sont mis

En garnison sous ta souche.
Dans les pertuis de ton tronc
Tout du long
Les avettes ont leur couche.
[…]
Or vis gentil aubépin,
Vis sans fin,
Vis sans que jamais tonnerre,
Ou la cognée, ou les vents,
Ou les temps
Te puissent ruer par terre.

Pierre de Ronsard, « Bel Aubépin », in *Odes*.

Le vent nocturne

Oh ! les cimes des pins grincent en se heurtant
Et l'on entend aussi se lamenter l'autan
Et du fleuve prochain à grand'voix triomphales
Les elfes rire au vent ou corner aux rafales
Attys Attys Attys charmant et débraillé

C'est ton nom qu'en la nuit les elfes ont raillé
Parce qu'un de tes pins s'abat au vent gothique
La forêt fuit au loin comme une armée antique
Dont les lances ô pins s'agitent au tournant
Les villages éteints méditent maintenant
Comme les vierges les vieillards et les poètes
Et ne s'éveilleront au pas de nul venant
Ni quand sur leurs pigeons fondront les gypaètes

Guillaume Apollinaire, *Alcools*, 1920.

Invocation

Je voudrais célébrer dans des vers ingénus
Les plantes, leurs amours, leurs penchants
inconnus,
L'humble mousse attachée aux voûtes des
fontaines,
L'herbe qui d'un tapis couvre les vertes plaines,
Sur ces monts exaltés le cèdre précieux
Qui parfume les airs, et s'approche des cieux
Pour offrir son encens au Dieu de la nature,
Le roseau qui frémit au bord d'une onde pure,

Le tremble au doux parler, dont le feuillage frais
Remplit de bruits légers les antiques forêts,
Et le pin qui, croissant sur des grèves sauvages,
Semble l'écho plaintif des mers et des orages :
L'innocente nature et ses tableaux touchants,
Ainsi qu'à mon amour auront part à mes chants.

François-René de Chateaubriand, *Tableaux de la nature*, écrit à l'âge de 16 ans, 1997.

Silence et nuit des bois

Il est plus d'un silence, il est plus d'une nuit,
Car chaque solitude a son propre mystère :
Les bois ont donc aussi leur façon de se taire
Et d'être obscurs aux yeux que le rêve y conduit.
On sent dans leur silence errer l'âme du bruit,
Et dans leur nuit filtrer des sables de lumière.

Leur mystère est vivant : chaque homme à sa manière
Selon ses souvenirs l'éprouve et le traduit.
La nuit des bois fait naître une aube de pensées ;
Et, favorable au vol des strophes cadencées,
Leur silence est ailé comme un oiseau qui dort.

Et le cœur dans les bois se donne sans effort :
Leur nuit rend plus profonds les regards qu'on y lance,
Et les aveux d'amour se font de leur silence.

René-François Sully Prudhomme, *Les Solitudes. Poésies*, 1869.

7

Protéger les arbres

Tuer les arbres hors des nécessités d'une vie simple, c'est commettre un grave préjudice à la vie. C'est un délit passible des plus grandes tristesses. Les arbres disparus, il ne restera plus que vide, solitude et désert jusque dans les cœurs.

Pierre Rabhi, *La Puissance de la modération*, Hozhoni éditions, 2015.

Nous avons tellement abattu de forêts
Que j'apprends à haïr le livre que je lis
La feuille de papier où j'allais m'appliquer
À dessiner à l'encre un cyprès citadelle

Nous avons tellement fait se tarir de sèves
Dont nous n'apprendrons plus les tenaces vertus
Nous avons tellement dispersé dans l'oubli
Les mythes nourriciers éclos des bois profonds

Que je baisse les yeux de honte et d'amertume
Et que je me maudis maudissant mes semblables
Lorsque je vois là devant moi encore vivant
Un arbre qu'on abat pour poser du béton

Un bel arbre touffu d'existences diverses
Et brandissant très haut dans un dernier cri vert
Son adieu à la terre au ciel à sa douleur
Et ce cri se perdra dans le deuil des oiseaux

André Verdet, *Les Voies de l'univers, les désordres de l'homme*, Centro Diffusione Arte, Milan, 1995.

Quand le dernier arbre sera abattu,
La dernière rivière empoisonnée,
Le dernier poisson capturé, alors seulement
Le visage pâle s'apercevra
que l'argent ne se mange pas.

Sitting Bull, chef de tribu sioux, 1854.

Je passe beaucoup de temps en compagnie des arbres. J'aime aller à leur rencontre, pénétrer leurs univers. Leur présence intense et discrète accompagne ma réflexion ou ma rêverie. Parmi eux, j'ai le sentiment confus de notre participation commune à ce puissant courant de vie qui se manifeste dans la succession de milliards de générations d'êtres vivants sur notre planète, dans un coin perdu de la Voie lactée.

Hubert Reeves, Jacques Véry, *Arbres aimés*, Seuil, 2009.

Le lac de Côme, se disait-elle, n'est point environné, comme le lac de Genève, de grandes pièces de terre bien closes et cultivées selon les meilleures méthodes, choses qui rappellent l'argent et la spéculation. Ici de tous côtés je vois des collines d'inégales hauteurs couvertes de bouquets d'arbres plantés par le hasard, et que la main de l'homme n'a point encore gâtés et forcés à *rendre du revenu*.

Stendhal, *La Chartreuse de Parme*, 1839.

Un arbre unique et solitaire fait offrande de ses ramures au ciel incandescent. Nul ne sait par quel stratagème il a, dès son enfance, échappé à la main prédatrice de l'homme armé de fer, à la dent avide de l'animal famélique, à la rareté de l'eau et au dard du soleil plus que nulle part au sommet de son ardeur.

Pierre Rabhi, *Un arbre en ma mémoire*, Terre et Humanisme, 2014.

J'étais dans une de ces forêts où le soleil
n'a pas accès mais où, la nuit, les étoiles
pénètrent.
Ce lieu n'avait le permis d'exister, que parce
que l'inquisition des États l'avait négligé.

René Char, « Pénombre », *Fureur et Mystère*,
Gallimard, 1967.

Planter un arbre
C'est rendre à la terre
Ce qu'elle nous a donné

Planter un arbre
C'est vivre aujourd'hui
Pour ceux qui
Viendront après nous.

Luciano Melis, 2016.

Pourquoi doit-on défendre une forêt? Parce qu'elle est précieuse et participe à l'équilibre de la biodiversité dont nous dépendons, mais aussi parce qu'elle est belle et que l'on ne peut se priver de la beauté de la vie.

Pierre Rabhi, *La Puissance de la modération*, Hozhoni éditions, 2015.

En toi, quelle sagesse régnante, bel olivier ! La paix dont tu te pares ne cesse de ruisseler, radieuse, comme au front grec du philosophe. Tu es merveilleusement païen.

Tu parais n'avoir jamais eu d'enfance, tu échappes aux saisons mais dans la vulnérabilité de tes siècles, tu as su garder la lumière de tes vingt ans. Ton feuillage étant le miroir sans tain du soleil, tu décourages les peintres…

Tu pousses, tu pousses, obstiné, malgré le vent, la rocaille, les blessures et l'oubli, tu recules au plus vers le Nord et les cimes les limites physiques du Sud, la géographie méridionale de la chaleur, toute une frontière de morale attique.

André Verdet, *in* Françoise Armengaud, *Hautes Terres solaires. Les Provences de Verdet*, Melis éditions, 2001.

Homme !
Je suis la chaleur de ton foyer par les froides nuits d'hiver,
L'ombrage ami lorsque brûle le soleil d'été.
Je suis la charpente de ta maison, la planche de ta table.
Je suis le lit dans lequel tu dors et le bois dont tu fis tes navires.
Je suis le manche de ta houe et la porte de ton enclos.
Je suis le bois de ton berceau et aussi de ton cercueil.
Écoute ma prière, veux-tu ?
Laisse-moi vivre pour tempérer les climats et favoriser l'éclosion des fleurs.
Laisse-moi vivre pour arrêter les typhons et empêcher les vents de sable.
Laisse-moi vivre pour calmer les vents, pousser les nuages
Et apporter la pluie qui véhicule la vie du monde.
Laisse-moi vivre pour empêcher les catastrophiques inondations qui tuent.

Je suis la source des ruisseaux. Je suis la vraie richesse de l'État.
Je contribue à la prospérité du plus petit village.
J'embellis ton pays par la verdure de mon manteau.
Homme, écoute ma prière
Ne me détruis pas!

Texte indochinois ancien, *Supplique de l'arbre.*

Voilà ce chêne solitaire
Dont le rocher s'est couronné,
Parlez à ce tronc séculaire,
Demandez comment il est né.

Un gland tombe de l'arbre et roule sur la terre,
L'aigle à la serre vide, en quittant les vallons,
S'en saisit en jouant et l'emporte à son aire
Pour aiguiser le bec de ses jeunes aiglons;
Bientôt du nid désert qu'emporte la tempête
Il roule confondu dans les débris mouvants,
Et sur la roche nue un grain de sable arrête

Celui qui doit un jour rompre l'aile des vents;
L'été vient, l'Aquilon soulève
La poudre des sillons, qui pour lui n'est qu'un jeu,
Et sur le germe éteint où couve encor la sève
En laisse retomber un peu!
Le printemps de sa tiède ondée
L'arrose comme avec la main;
Cette poussière est fécondée
Et la vie y circule enfin!

Alphonse de Lamartine, « Le Chêne » (extrait), *Harmonies poétiques et religieuses*, Charles Gosselin, 1830.

[...]

Écoute, bûcheron, arrête un peu le bras;
Ce ne sont pas des bois que tu jettes à bas;
Ne vois-tu pas le sang lequel dégoutte à force
Des nymphes qui vivaient dessous la dure écorce?
Sacrilège meurtrier, si on pend un voleur
Pour piller un butin de bien peu de valeur,
Combien de feux, de fers, de morts et de détresses
Mérites-tu, méchant, pour tuer nos déesses?

Forêt, haute maison des oiseaux bocagers !
Plus le cerf solitaire et les chevreuils légers
Ne paîtront sous ton ombre, et ta verte crinière
Plus du soleil d'été ne rompra la lumière.

Plus l'amoureux pasteur sur un tronc adossé,
Enflant son flageolet à quatre trous percé,
Son mâtin à ses pieds, à son flanc la houlette,
Ne dira plus l'ardeur de sa belle Janette
Tout deviendra muet, Écho sera sans voix ;
Tu deviendras campagne, et en lieu de tes bois
Dont l'ombrage incertain lentement se remue,
Tu sentiras le soc, le coutre et la charrue ;
Tu perdras le silence, et haletants d'effroi
Ni satyres ni Pans ne viendront plus chez toi.

Pierre de Ronsard, « Prière contre les bûcherons de la forest de Gastine » (extrait), *Élégies*.

Tenir en propreté
En équilibre parfait
Campagnes et forêts
Océans lacs et ruisseaux

Tenir en perspective
Idéales villes parcs

Tenir en beau respect
Parental les animaux
Les animaux qui sont
À l'instar des forêts
Et des campagnes herbeuses
Nos plus valides et plus sûrs
Passeports pour l'inconnu
De demain et après.

André Verdet, *Les Voies de l'univers, les désordres de l'homme*, Centro Diffusione Arte, Milan, 1995.

La Mort d'un chêne

[...]

L'homme tourna, un instant, autour de l'arbre, comme un adversaire sournois qui cherche la bonne place où frapper. Il mesurait, du regard, l'espace que l'immense frondaison pourrait couvrir. Enfin il se décida, et, les jambes écartées, la sueur lui coulant du front, il leva la cognée et frappa... Un autre bûcheron leva la cognée à son tour et tous les deux s'acharnèrent, d'un mouvement alterné, presque musical, qui rythmait, à deux temps, le chant funèbre du grand chêne... Puis la scie entra dans son flanc. Les dents minuscules s'insinuèrent avec un grincement moqueur, et, par la plaie mince et profonde une fine poussière coula... On entendit des cris aigus, des bruits de vol parmi les feuilles froissées.

C'était le temps où tous les arbres portent des nids comme des fruits sonores... Les fauvettes à tête noire, les pinsons, les merles, tout un petit peuple, confiant dans la force du chêne, commençait à pressentir le désastre inexplicable. Soudain, le chêne parut s'émouvoir et s'animer. Il frémit dans toute sa membrure, avec un craquement inattendu, déchirant comme la protestation d'un être qui ne veut pas mourir. Il y eut, dans la masse de son feuillage, une oscillation, un remous, puis il tomba, lentement, écrasant ses fils, et le bruit de sa chute retentit, porté au loin par les échos.

Marcelle Tinayre, *L'Ombre de l'amour*, Maïade, 2005.

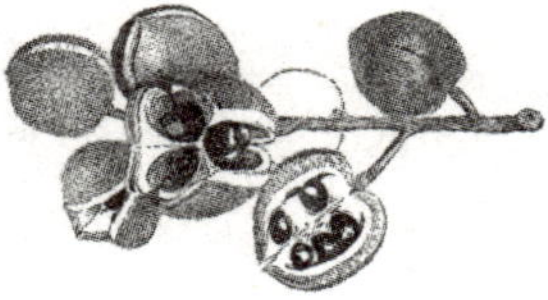

8

L'arbre imaginaire

Apollon voudrait parler encore, mais Daphné poursuit sa course éperdue et le laisse derrière elle. Les vents dévoilent sa nudité, leur souffle agite ses vêtements et rejette en arrière ses cheveux soulevés. Sa fuite augmente encore sa beauté. Ainsi le dieu et la vierge sont emportés l'un par l'espoir, l'autre par la crainte. Mais Apollon, entraîné par les ailes de l'Amour, est plus rapide et déjà il se penche sur les épaules de la fugitive, il effleure de son souffle les cheveux éparpillés dans son cou. Daphné, à bout de forces, est toute pâle. Tournant son regard vers les eaux du fleuve Pénée, elle s'écrie : « Viens à mon secours, mon père ! Si les fleuves comme toi ont un pouvoir divin, délivre-moi par une métamorphose de ma beauté trop séduisante. » À peine a-t-elle achevé sa prière qu'une lourde torpeur s'empare de ses membres. Une mince écorce entoure son sein délicat ; ses cheveux qui s'allongent se changent en feuillage, ses bras en rameaux ; ses pieds, tout à l'heure si agiles, adhèrent au sol par des racines et la cime d'un arbre couronne sa tête. Apollon cependant l'aime toujours. Sa main posée sur le tronc, il sent encore le cœur palpiter sous l'écorce nouvelle et couvre le bois de ses baisers. Il dit alors : « Eh bien, puisque tu ne peux pas être mon épouse, du moins tu seras mon arbre. À tout jamais tu orneras, ô laurier, ma chevelure, mes cithares et mes carquois et ton feuillage restera toujours vert. » Le laurier inclina ses branches nouvelles et Apollon vit sa cime remuer comme une tête.

Ovide, *Les Métamorphoses*, Livre I.

À l'endroit dont nous revenions, il y avait du soleil, mais pas d'ombre, et la seule occasion où il nous arrivait de voir des arbres, c'était la nuit, dans nos rêves.

Julie Otsuka, *Quand l'empereur était un dieu*, traduit de l'américain par Bruno Boudard, Phébus, 2004.

Un cerisier se mit à rire
        Sans savoir pourquoi.
Les moineaux, tous à la fois,
        Rirent de l'entendre rire.

Ce rire gagna les maisons
        Et, par-dessus les bois,
Déferla jusqu'à l'horizon.

Maurice Carême, « Le Cerisier » (extrait), *La Lanterne magique*. Fondation Maurice Carême.

Arbre et créature, tu t'identifies enfin lorsque,
homme, tu te dresses, fût vivant parmi d'autres
fûts vivants, pilier du ciel et soutien de la terre,
dans l'innombrable et très haute forêt.

[…]

Il demeure rivé à son sol, l'arbre. Immobile à jamais. Il pourrait marcher pourtant, aller, venir, prendre son vol, planer dans les airs, l'arbre, s'implanter parmi nous, converser avec toi…

Il se tait, ne bouge pas, il charpente la terre, distille sa chimie, oxygène l'azur, il fait chanter les oiseaux… Miracle de l'arbre.

Mais il murmure l'arbre, mais il fait signe…
Collé à son tronc, écoute…

Déjà un faune rit aux éclats de soleil dans la profondeur.

André Verdet, *Forêts*, Éditions Parler, 1963.

[…] ils touchent à la futaie de hêtres et son enchantement les rend muets. L'ont-ils jamais vue si belle, de toute part offerte à leurs yeux et pourtant étrangement dérobée ? Ils y pénètrent résolument, s'avancent entre les arbres magnifiques. Le sol, feutré d'épaisses mousses, est comme un tapis de haute laine. Pas une broussaille, pas une branche basse qui leur fasse courber la tête. Et néanmoins le sentiment grandit en eux d'enfreindre une loi non humaine, de perpétrer un sacrilège, incapables à la fois de ne pas consommer et d'éviter le châtiment qu'ils méritent et acceptent.

Maurice Genevoix, *La Forêt perdue*, Plon, 1967.

Khimaï cligna des yeux. Depuis trois jours, ils voyageaient dans une forêt aux arbres immenses, aux troncs si larges à la base que vingt hommes se donnant la main n'auraient pu en faire le tour, et si hauts que leur feuillage touffu formait un ciel émeraude, créant une semi-obscurité froide à laquelle ils avaient fini par s'habituer.

[...]

Ils s'engagèrent bientôt dans la forêt, suivant une sente broussailleuse à peine visible, protégés de la bruine qui tombait par de grands arbres. Les troncs aux branches enchevêtrées formaient au-dessus d'eux comme une canopée drue de feuilles rousses et fourchues. Khimaï ne connaissait pas ce genre d'arbres, et il devina d'après les regards de Borhôn qu'ils lui étaient inconnus à lui aussi. «Des jaffliers», souffla Uhey quand il lui demanda de quelle essence il s'agissait, rompant à peine le silence de la colonne de cavaliers. Le jeune prince continua à observer ces arbres qui poussaient serrés les uns contre les autres, se réunissant parfois à mi-tronc pour se lover, intriqués comme des mèches de cheveux dans une tresse, puis grimper ensemble vers le ciel. Des branches ligneuses pendaient parfois de leurs sommets, réunissant les jaffliers et formant comme des guirlandes feuillues.

Paul Carta, *Chroniques d'au-delà du seuil*, l'Archipel, 2015.

*

Petit dessin hésitant,
Sans grande destinée,
Petit dessin délicat,
Comme cette fissure
Qui cherche son chemin,
Bien loin du dessin parfait,
Du sabre ou de la palme,
Petit dessin de rêverie vagabonde
Comme un badaud dans sa balade,
Au crayon cherchant son trait,
Brindille, tu portes en toi tous les devenirs.
J'aime à te contempler
Toi qui n'es pas finie.

Yves Bayard, *Lettre à la brindille,* Éditions de L'Ormaie, 2002.

Merlin avait besoin de solitude, de silence et de recharger ses forces. Il sourit à l'évocation de ses amis les arbres et se retrouva au milieu d'eux, dans sa chère forêt de Brocéliande. Il s'assit sur son pommier.

René Barjavel, *L'Enchanteur*, Denoël, 1984.

*

Derrière lui, à une centaine de mètres de la colline, commençait la forêt d'Iscambe, masse impénétrable au regard où nul – à moins d'être fou – ne se fût risqué. À la lisière, de grands arbres aux troncs blanchâtres laissaient pendre leurs lianes comme les débris des liens dont ils se seraient jadis libérés pour croître. De l'endroit où il était installé, It'van dominait le faîte de la jungle, incessant moutonnement que trouaient çà et là les tours lointaines des cités englouties. Des oiseaux étranges et dorés jaillissaient parfois de l'épaisse nappe de feuillage, montaient un instant vers le soleil puis piquaient bien vite, comme éblouis, vers l'océan de verdure. Au déclin du jour la forêt retentissait de cris d'adoration, d'appels, de clameurs. Des parfums subtils, alors, émanaient d'elle avec la rosée du soir. Et si une averse peu avant avait fait crépiter les feuilles, les dernières sagaies du soleil couchant exaltaient jusqu'à la folie des senteurs de courtisane langoureuse. Oui, cette forêt était une femme : elle en avait la molle et rêveuse nonchalance, les mouvements doux qu'interrompaient soudain de noirs éclats. Dans la journée, sous l'intense chaleur, elle semblait dormir. Dormait-elle vraiment ? Des frémissements la parcouraient. On eût dit la somnolence d'une brune et exotique beauté allongée sur le divan du monde. Puis elle tressaillait et ses mouvantes frondaisons s'emplissaient de soupirs. Soufflait alors sur It'van l'haleine même des ténèbres, relent d'une cave longtemps close et dont on ouvre la porte, senteur de sous-bois humide, profond, mystérieux.

Christian Charrière, *La Forêt d'Iscambe*, JC Lattès, 1980.

Les arbres timides et forts
La nuit parlent à voix haute
Mais si simple est leur langage
Qu'il n'effraie pas les oiseaux

Marcel Béalu, «Voix des arbres» (extrait), *Chemin marqué*, Rougerie, 2000.

Quelle féerie!

Les Mandariniers, les Citronniers, les Orangers avaient accroché des lanternes vénitiennes à leurs balcons de verdure. Le haut de leurs belles demeures se perdait dans l'ombre où quelques lucarnes de mansarde s'allumaient çà et là.

Les Vers Luisants, assis dans des fauteuils de mousse, luisaient de tous leurs feux phosphorescents.

[...]

Sous son paralume argenté un vieil et majestueux Olivier, ancien Ministre de la Paix du Petit

Monde, actuellement à la retraite, s'était endormi dans un profond fauteuil en bois d'olivier.

Près de lui, les Roses en beaux atours bleus offraient leur main de satin à la révérence d'un gentilhomme Lilas.

Ce gentilhomme aux yeux mauves, aux dents noires et scintillantes, portait barbe et moustache à la mode mousquetaire. Chaque fois qu'il se baissait, sa barbe en pointe chatouillait la main d'une des Roses. Alors la jeune Rose, pour le remercier de sa révérence, lui assénait un grand coup d'épines sur la tête. Le gentilhomme s'effondrait, ahuri, puis, se relevant aussitôt avec le sourire, passait à la suivante pour recevoir la même marque d'honneur.

André Verdet, *Fête de nuit au jardin*, Éditions de l'Ormaie, 1998.

[…] il faudrait que nous comprenions mieux ce que peut être pour un homme un arbre qui lui est dédié, un arbre qu'un père ivre de durée plante dans la saison même de la naissance de son fils. Mais trop rares sont les pères qui enracinent la vie des fils dans un sol ancestral. Ce que le père ne fait pas, l'enfant rêveur l'accomplit parfois dans un songe familier. Il choisit au verger ou dans la forêt un arbre, il aime son arbre. Je me revois enfant, accoté aux racines de mon noyer pour lire, monté dans un noyer pour lire… L'arbre adopté nous donne sa solitude. Avec quelle émotion aussi j'ai relu les confidences de Chateaubriand vivant de longues heures dans un arbre creux, dans le tronc d'un saule où viennent jouer toutes les bergeronnettes de la lande…

Gaston Bachelard, *La Terre et les Rêveries du repos*, José Corti, 1986.

Il m'a tendu une feuille telle une main à doigts
Moi je lui ai tendu une main telle une feuille à dents
Il m'a tendu une branche j'ai étiré le bras
Lui s'est penché vers moi avec le tronc tel un lourd pommier
Moi j'ai baissé mon épaule comme un nouveau tronc, j'entendais sa sève pousser comme le sang.
Il entendait mon sang monter lentement comme la sève.
Moi j'ai traversé son corps !
Lui, il a parcouru le mien.
Moi, je suis resté un arbre solitaire
Lui, un homme tout seul.

Nichita Stànescu, *Les Non-mots et autres poèmes*, Textuel, 2005.

Ils ont un arbre qu'ils nomment « père »
Et un autre dont ils sucent le lait
– Dans la forêt ils ne sont jamais seuls.

Leurs retraites sont bâties de branchages
Entrelacés de longs rubans de feuilles
– Dans la forêt ils ne vont jamais nus.

Pour oreiller ils gardent un billot de bois creux
Où se loge leur esprit pour songer
Et c'est ainsi, croient-ils, que l'homme « pousse »
– Dans la forêt ils parlent sans arrêt.

L'homme est fait, disent-ils,
« D'un tronc planté debout sur deux fortes racines,
Étendant vers le ciel deux branches à cinq rameaux,
À la pointe un bourgeon où l'arbre tient ses rêves »
– Dans la forêt ils saluent leurs pareils.

Ils vont : gestes de branches
S'arrêtent : stature de tronc
S'asseyent : appuis de souche

Se couchent
Comme l'arbre en son ombre.

Daniel De Bruycker, *Ghazâls des Hu*, L'Amourier, 2004.

L'emplacement était superbe pour bâtir une ville. Il n'y avait qu'à déblayer les bords du fleuve, en abattant une partie de la forêt, de l'immense forêt vierge enracinée là depuis la naissance du monde. Alors abritée tout autour par des collines boisées, la ville descendrait jusqu'aux quais d'un port magnifique, établi dans l'embouchure de la Rivière-Rouge, à quatre milles seulement de la mer.

Dès que le gouvernement de Washington eut accordé la concession, charpentiers et bûcherons se mirent à l'œuvre ; mais vous n'avez jamais vu une forêt pareille. Cramponnée au sol de toutes ses lianes, de toutes ses racines, quand on l'abattait par un bout elle repoussait d'un autre, se rajeunissait de ses blessures ; et chaque coup de hache faisait sortir des bourgeons verts. Les rues, les places de la ville à peine tracées étaient envahies par la végétation. Les murailles grandissaient moins vite que les arbres et, sitôt élevées, croulaient sous l'effort des racines toujours vivantes.

Alphonse Daudet, *Wood'stown*, Conte fantastique, 1873.

Dans les vieilles forêts où la sève à grands flots

Court du fût noir de l'aulne au tronc blanc des bouleaux,
Bien des fois, n'est-ce pas? à travers la clairière,
Pâle, effaré, n'osant regarder en arrière,
Tu t'es hâté, tremblant et d'un pas convulsif,
Ô mon maître Albert Dürer, ô vieux peintre pensif!
On devine, devant tes tableaux qu'on vénère,
Que dans les noirs taillis ton œil visionnaire

Voyait distinctement, par l'ombre recouverts,
Le faune aux doigts palmés, le sylvain aux yeux
verts,
Pan, qui revêt de fleurs l'antre où tu te recueilles,
Et l'antique dryade aux mains pleines de feuilles.

Victor Hugo, « À Albert Dürer » (extrait), *Les Voix intérieures*, Hachette, 1857.

Table

Cet ouvrage a été composé
par Atlant'Communication
aux Sables-d'Olonne (Vendée)

Impression réalisée par

DZS Grafik

en septembre 2017
pour le compte des Presses du Châtelet

Imprimé en Slovénie
N° d'impression :
Dépôt légal : novembre 2017